SIYAASADIHII DHAQAALAHA IYO MAALIYADDA SOOMAALIYA

SIYAASADIHII DHAQAALAHA IYO MAALIYADDA SOOMAALIYA

Tifaftireyaal
CABDULAAHI YUUSUF IBRAAHIM
BASHIIR NUUR CABDULLE

DHAXALREEB
PUBLICATIONS
2024
Muqdisho, Soomaaliya

XARUNT DHAXALREEB *PUBLICATIONS*

Copyright © Xarunta Dhaxalreeb *Publications* 2024.
Dhowran © Xarunta Dhaxalreeb *Publications* 2024
First Edition, First Print July 2024.
Soo Saariddii 1aad, Daabacaaddii 1aad Luulyo 2024.

WAXAA DAABACAY:
| Dhaxalreeb
| Xarunta Horumarinta Hoggaaminta
| Degmada Hodan,
| Muqdisho, Soomaaliya.
| W: www.Dhaxalreeb.org.so
| E: Info@dhaxalreeb.org.so
| T: +252 613 288 882

| **TIFAFTIRE**   : Cabdullaahi Yuusuf Ibraahim iyo
                           Bashiir Nuur Cabdulle
| **GALKA**   : Looh Press
| **NAQSHADEYNTA**   : Kusmin (Looh Press)

Cinwaankan wuxuu ka diiwaangashanyahay Maktabadda *Britain*.
Sidoo kale, wuxuu ka diiwaangashanyahay Makdabadda "*Library of Congaress*"
ee Maraykanka.

ISBN:
978-1-912411-94-8   Gal khafiif ah (*Paperback*)
978-1-912411-93-1   Gal adag (*Hardback*)

بِسْمِ اللَّهِ الرَّحْمَٰنِ الرَّحِيمِ

Waxaan Ku billaabi
Magaca Eebbe,
Naxariistaha,
Naxariista badan

TUSMO

CUTUBKA 3AAD   93

BAAHIDA LOO QABO DAAHFURNAAN IYO ISLAXISAABTAN . 93

CUTUBKA 4AAD   105

DIBUHABAYNTA MAALIYADDA DALKA 105

CUTUBKA 5AAD   123

ADC   Agricultural Development Corporation

AUN   Allaha u Naxariisto

DBI   Dahashil Bank International

EFTA   European Free Trade Association

ENC   Ente Nazionale Di Commercio (National Trading Corporation)

FAO   Food and Agriculture Organization

GDP   Gross Demostic Production

GNP   Gross National Production

HIPC   Highly Indebted Poor Countries

IBS   International Bank of Somalia

ID   Identity document

IDA   International Development Association

IMF   International Monitory Fund

INGO   International Non-governmental Organization

ITOP   Tomato Paste and Fruit Canning Factory

KFAED   Kiwait For Arab Economic Development

KMG   Kumeelgaar

NAFTA   North American Free Trade Agreement

NGO   Non-governmental Organization

SHIFCO Somali High Seas Fishing Company

SNM Somali National Movement

SOMTA Somali Money Transfer Association

UAE United Arab Emirates

UNDP United Nations Development Program

USAID United States Agency for International Development

USC United Somali Cogress

USSR Union of Soviet Socialist Republics

WB World Bank

MAHADNAQ

Xarunta Horumarinta Hoggaaminta Dhaxalreeb waxay si weyn ugu mahadnaqaysaa Allaha weyn ee na abuuray, noona fududeeyay qorista buuggan. Waxaa kaloo ay si ballaaran ugu mahadnaqaysaa Hay'adda Hormuud Salaam *Foundation* oo taageeradeeda la'aanteed aysan suuragasheen daabacaadda buuggani. Waxaa kaloo aan u mahadcelinaynaa Shirkadda *Horn Connect* oo naga caawisay qaadista waraysiyadii laga diyaariyay macluumaadka ku jira buuggan.

Waxaa aynaan marnaba illaawi karin kaalinta khubaradii kale ee ka qaybgashay tifaftirka iyo dib-u-eegistii buugga, annagoo si gaar ah ugu mahadcelinayna Dr. Cabdinaasir Maxamed Cabdulle, oo ah aqoonyahan iyo wasiir hore ee Wasaaradda Maaliyadda, Barfasoor Yaxye Sheekh Caamir, oo qayb ka qaatay hawsha tifaftirka. Waxaan kaloo u mahadcelinaynaa Dr. Cabdicasiis Axmed Ibraahim, bare Jaamacadda Soomaaliya, oo ka mid ahaa xiriiriyayaasha doodcilmiyeed ka mid ah ilihii xogta ku jirta buugga. Ugu dambayntii, waxaan ka mahadcelinaynaa shaqadii dib-u-eegista ee ay qabteen Bashiir Maxamed Cabdulle iyo Xuseen Maxamed Jimcaale, oo labaduba ah aqoonayahanno ku takhasusay dhaqaalaha, islamarkaana barayaal ka ah Jaamacadda Ummadda Soomaaliyeed.

Dhaqaalaha Soomaaliya wuxuu ahaa mid ay saamaynayeen marxalidihii kala duwanaa ee uu soo maray mujtamaca Soomaaliyeed. Siyaasadaha dhaqaale ee ay adeegsato dunida casriga ahi waxay la kowsadeen soo gelitaankii gumaystaha ee carriga Soomaaliyeed. Wixii ka dambeeyay gumaysiga, dhaqaalaha waxaa jihaynayay maamulladii kala duwanaa ee dalka soo maray, ayadoo ay lafdhabar u ahaayeen kaadir loo carbiyay horumarinta dhaqaalaha iyo maaraynta maaliyadda.

Ka sokow qorshaynta iyo horumarinta dhaqaalaha, kaadirkaasi waxay ka shaqaynayeen tababarka iyo diyaarinta jiilka dhaqaalayahanka ah ee cusub, kuwaasoo khibraddooda iyo aqoontooda lagu dhex kobcinayay hay'adaha dowladda, si ay ula wareegaan howsha markii ay ayagu howlgabaan. Sidoo kale, kaadirkaasi waxay door muhiim ah ka ciyaarayeen dhintaynta aqoonta Soomaaliyeed ee la xiriirta mowduucaas.

Nasiibdarro, waxaa burburay hay'adihii dowladda iyo weliba kaydkii aqoonta Soomaaliyeed markii ay dhacday dowladdii dhexe ee hore. Sidaas darteed, qaranka waxaa ku dhacay kala go' khibradeed iyo mid aqooneed.

Xarunta Dhaxalreeb waxay ka shaqaysaa iskuxirka jiilkii hore iyo jiilka cusub, ayadoo ka reebta jiilkii hore cilmiga, aqoonta iyo waayo-aragnimada ku duugan maskaxdooda. "Jiilkii hore" waxaa loola jeedaa ragga iyo haweenka wax bartay xilliyadii la haystay dowladnimada mideysan, islamarkaana leh khibrad shaqo iyo waaya-aragnimo ballaaran; waxaa kaloo ka mid ah ragga iyo haweenka aqoonta iyo waaya-aragnimada ay bulshada ka kasbadeen darteed ku caanbaxay indheergaradnimo iyo afkaarwanaag. Xaruntu waxay diyaarisaa fursado iyo fagaarayaal ay aqoonta iyo waaya-aragnimada isugu gudbiyaan jiilashu.

Ujeeddada buuggu waxay tahay inuu u iftiimiyo jiilka cusub ee aqoonyahannada marxaladihii kala duwanaa ee uu soo maray dhaqaalaha Soomaaliya, iyo horumarkii iyo dibudhacyadii la soo gudboonaday. Waxaa kaloo loogu talagalay inuu cariyo dareenka cilmibaariseed ee jiilka cusub ee ku saabsan dhaqaalaha dalka iyo taariikhdiisa. Haseyeeshee, taasi kama dhigna inaan cid kale ka faa'iidaysan karin, oo buuggu wuxuu anfacayaa cid kasta oo mowduucan danaynaysa, gaar ahaan cilmibaarayaasha.

Buugga waxaa laga diyaariyay waraysiyo iyo doodcilmiyeed ay ka qaybgaleen xeeldheerayaal waaya-arag ah, iyo khabiirro aqoon durugsan u leh dhaqaalaha iyo maamulka maaliyadda dalka, wuxuuna ka koobanyahay afar cutub.

Cutubka koowaad, oo gogolxaar u ah cutubyada kale, wuxuu dulmar taariikheed ku samaynayaa taariikhda dhaqaalaha iyo maamulka maaliyadda dalka. Wuxuu kaloo si mug leh u falanqaynayaa dhacdooyin maaliyadeed iyo kuwo dhaqaale oo dhacay sannadahan dambe, sida tii *"FOREX"*-ka ee lagu dhacay lacag xaddigeedu sarreeyo oo ay lahaayeen dad Soomaaliyeed, iyo arrinta ku saabsan ku biirista Soomaaliya ee Ururgoboleedka Dhaqaalaha Bariga.

Cutubka labaad waxaa lagu falanqaynayaa taariikda siyaasadaha dhaqaalaha Soomaaliya, laga soo billaabo xilligii xorriyadda ilaa xaaladda maanta, oo lagu jiro dowlad-dhisid iyo dibusookabasho – hanaqaadkii, horumarkii iyo caqabadihii la soo gudboonaaday dhaqaalaha. Waxaa wax laga xusayaa khaladaadkii siyaasadaha dhaqaale ee dhacay marxaladahaas kala duwan, gaar ahaan xilligii dowlaadda kacaanka, taasoo ahayd dowladdii ugu cimriga dheerayd, uguna saamaynta badnayd; waxaa kaloo la xusayaa horumarkii dhaqaale ee ay Soomaaliya gaartay muddadaas.

Cutubka seddaxaad wuxuu xoogga saarayaa maamulka maaliyadda dowladda, asagoo iftiiminaya xaaladda islaxisaabtan ee maalka dadweynaha, gaar ahaan muddadii geeddisocodka dibudhiska dowladnimada.

Cutubka afraad waxaa lagu qaadaadhigayaa dibudhiska hay'adaha maaliyadda, gaar ahaan Wasaaradda Maaliyadda iyo waxqabadkeeda. Waxaa kaloo lagu faahfaahinayaa barnaamijka deyncafinta iyo guulaha laga gaaray.

Cutubka ugu dambeeyaa ee shanaad waxaa ku jira talooyin muhiim u ah horumarka dhaqaalaha iyo hufnaanta nidaamka maaliyadeed ee dalka, kuwaasoo ay soo jeediyeen khubaradu.

Muddadii la diyaarinayay, buuggu wuxuu soo maray dhowr marxaladood. Billowgii, asagoo ahaa muuqaallo la duubay ayaa loo beddelay qoraal aan hadalkii waxba laga tegin, balse aan tifaftirnayn, aanna habaysnayn. Dabadeed, waa la habeeyay, lana tifaftiray. Intaa ka dib waxaa loo bandhigay aqoonyahanno kale oo ku takhsusay dhaqaalaha iyo maamulka maaliyadda, si ay talooyin ugu biiriyaan.

Qorista buuggan, iyo dhammaan qoraallada Dhaxalreeb, waxaa la raacay habqoraalka ereyada loo yaqaanno "Lammaanaha". Sidaas darteed, lama kala goyn ee waa la is raaciyay qoraalka ereyada: dibudhac, dibuhabayn, islaxisaabtan, canshuur-ururin, shaqala'aan, waxsoosaar, deynbixin, iskufilnaansho, hantidhowr, deeqbixiye, deynqabe, qabyaqoraal, iwm.

CUTUBKA 1AAD
GOGOLDHIG

SOOYAALKA SIYAASADAHA DHAQAALAHA SOOMAALIYA

Dr. Maxamuud Maxamed Culusow
& Bashiir Cabdulqaadir Macallin

| 1.1. | SIYAASADAHA DHAQAALAHA |

Guud ahaan, dhaqaaluhu waa cilmiga ku saabsan waxsoosaarka (tacabka), isticmaalka (*consumption*), iyo qaybsiga hantida (*distribution of wealth*). Waxaa kaloo dhaqaalaha lagu fasiri karaa cilmiga darsaya sida qofka ama bulshooyinka ay u isticmaalaan kheyraadka kooban (*scarce resosurces*) ee xagga waxsoosaarka, qaybsiga iyo isticmaalka badeecadaha, iyo adeegga guud.

Cilmiga dhaqaaluhu wuxuu u qaybsamaa laba qaybood oo muhiim ah: Dhaqaalaha Hoose (*Microeconomics*) iyo Dhaqaalaha Guud (*Macroeconomics*). Dhaqaalaha Hoose wuxuu ku saabsanyahay dhaqanka iyo abaabulka kaqaybgalayaasha ku tartamaya suuqa (*Market Players/ Actors*), kuwaasoo kala ah: qofka, qoyska iyo shirkadaha. Suuqa dhaqaalaha waa goobta ay isugu imaanayaan dalabka iyo keenista (*demand and supply*) ee uu ka abuurmayo sicirka waxisdhaafsigu.

Dhaqaalaha guud waa cilmiga eegaya guud ahaan dhaqaalaha, si loo higsado dhaqaale isu dheellitiran (*general market equilibrium*). Qodobbada lagu darso dhaqaalaha guud waxaa ka mid ah: dakhliga guud ee qaranka, kan qofka, waxsoosaarka qaranka, heerka shaqo la'aanta, sicirbararka, kharajka (*expenditure*), isticmaalka, maalgelinta (*investment*), siyaasadda lacagta, iyo siyaasadda maaliyadda dowladda[1]. Qodobbadaasi waxay saameyn weyn ku leyihiin xasilloonida, koboca iyo horumarinta dhaqaalaha qofka iyo kan qaranka.

Dowladdu waxay kaalin iyo saameyn ballaaran ku leedahay dhaqaalaha dalka, waxayna tahay mid ka mid ah kaqaybgalayaasha dhaqaalaha marka la eego Nidaamka Dhaqaalaha Xorta ah (*Free Market System*). Dhinacyada ay siyaasadaha dhaqaalaha dowladuhu saameeyaan waxaa ka mid ah: nidaamyada dejinta canshuuraha, miisaaniyadda dowladda, xaddididda wareegga lacagta iyo heerka dulsaarka, suuqa shaqada iyo shaqaalaha, iyo hantida (kheyraadka) qaranka.

Sida badan, siyaasadaha dhaqaalaha waxaa loo qaybiyaa laba qaybood: Siyaasadaha Maaliyadda iyo Siyaasadaha Lacagta. Siyaasadaha maaliyadda waxay la xiriiraan tallaabooyinka maaliyadeed ee xukuumadda, sida: canshuuraha iyo kharashka xukuumadda. Bangiga Dhexe, oo mas'uul ka ah siyaasadaha lacagta, waxaa tallaabooyinka uu adeegsado ka mid ah: xaddididda wareegga lacagaha iyo amaahda, iyo heerka dulsaarka ee deymaha bangiyada.

Siyaasadaha dhaqaalaha qaarkood waxaa saameyn weyn ku leh hay'adaha lacagta ee caalamiga, sida: Hay'adda Lacagta Adduunka (IMF) iyo Bangiga Adduunka (*World Bank*). Sidoo kale, barnaamijyada axsaabta siyaasadeed iyo siyaasadaha dhaqaale ee ay rumeysanyihiin ayaa saameeya siyaasadaha dhaqaalaha.

1.2.	QAYBAHA SIYAASADAHA DHAQAALAHA

Dowladuhu waxay leeyihiin siyaasado dhaqaale oo kala duwan, ayadoo dowlad waliba siyaasadda dhaqaale ee ay raacayso ay ku salayso dhaqaalaha iyo

---

1. Mc Connell, iyo qaar kale, 2014

horumarka dhaqandhaqaale ee bulshada. Haddaba, waxaan dul istaagaynaa qaar ka mid ah siyaasadaha dhaqaale ee ay raacaan dowladaha badankooda:

- **Siyaasadda xasilinta dhaqaalaha guud:** si ay xasillooni dhaqaale u sameeyaan, dowladuhu waxay adeegsadaan farsamooyin lagu xakamanayo kororka lacagta suuqa wareegaysa, si ay ugu hayaan heer aan horseedaynin sicirbarar baahsan; ayna u hubiyaan in cajaladda ganacsiga ay si fudud u wareegto ama ay wax kala socdaan.
- **Siyaasadda Ganacsiga:** sida: canshuuraha berriga, heshiisyada ganacsiga, iyo hay'adaha caalamiga ee maareeya.
- **Siyaasadaha kobcinta Dhaqaalaha:** waa siyaasadaha la xiriira horumarinta dhaqaalaha.
- Siyaasadaha la xiriira dibuqaybinta dhakhliga iyo hantida ummadda.

1.3. YOOLALKA SIYAASADAHA DHAQAALAHA

Si loo xaqiijiyo in dalku lahaado dhaqaale adag, dowladuhu waxay raacaan seddax yool ee siyaasadaha dhaqaalaha Stigler, G. J. (1975), waxaana ka mid ah:

1. Sicir fadhiya

Haddii sicirka badeecadaha uu yahay mid aan fadhin, oo mar walba kor u kacayo, waxaa lacagta ku imaanaya qiimadhac, oo tusaale ahaan, waxa uu halka shilin kuu gooyo maanta ayaad berri ku iibsanaysaa laba shilin. Taasina waxay ka dhigantahay inuu dhaqaaluhu galay xaalad "sicirbarar guud". Sidaas darteed, waxaa xukumadaha looga baahanyahay inay mar walba heerka sicirbararka guud ay ku hayaan halka ugu hooseysa, si sicirka badeecadaha uu u noqdo mid fadhiya. Haseyeeshee, waxaa jira xaalado ka baxsan awoodaha dowladaha, kuwaasoo kor u qaada sicirka badeecadaha, islamarkaana keena sicirbarar guud. Xaaladahaas waxaa ka mid ah aafooyinka dabiiciga ah, sida: abaaro daba dheeraada; iyo kor-u-kaca sicirka ee badeecado muhiimad gaar ah u leh dhaqaalaha, sida shidaalka, iwm.

2. Shaqaaleysiin buuxda

Erayga "Shaqaalaysiin buuxda" waxaa looga jeedaa yoolka ah inay shaqo helaan dadka shaqayn kara oo dhami. Haseyeeshee, waxaa lama gaaraan ah in dowladdu ka wada faa'iideysato awooddeeda shaqaale oo dhan xilli ka mid ah xilliyada, maxaayeelay waxaa dhacda in dadka qaar ay shaqada iskaga tagaan sababo kala duwan awgood. Sidaas darteed, shaqo la'aanta heerkeedu gaarsiisanyahay 4% ama ka yar waxaa lagu tiriyaa shaqaalaysiin buuxda.

3. Koboc dhaqaale

Koboca dhaqaale waxaa lagu cabbiraa waxsoosaarka guud ee gudaha dalka [*Gross Domestic Product (GDP)*], taasoo ah qiimaha guud ee badeecadaha la soo saaray iyo adeegyada la sameeyay muddo sannad ah. Jiritaanka koboc dhaqaale waxaa tilmaan u ah marka waxsoosaarka gudaha uu gaaro koboc dhan 4% sannadkii. Dhinaca kale, dhaqaalaha fadhiidka ah waxaa lagu gartaa marka uu kobociisu ka yaryahay 1%. Haddii koboca waxsoosaarku ebber ka hoos maro laba xilli oo xiriir ah, waxay ka dhigantahay in la galay "hoosudhac dhaqaale". Marka la galo xaalad noocaas ah waxaa dhacda shaqa la'aan baahsan, waxsoosaar hooseeya iyo sarakac ku yimaada sicirka badeecadaha, taasna waxaa loogu yeeraa "fadhiidnimo dhaqaale."

1.4.	SOOYAALKA DHAQAALAHA SOOMAALIYA

1.4.1	HORUMARKA DHAQAALE EE XILLIGII MAAMULKA WASAAYADA

Billowga maamulkii Talyaaniga ee Qaramada Midoobay ay u wakiilatay gaarsiinta Soomaaliya gobannimo buuxda waxaa la abuuray bangigii ugu horeeyay ee laga furo Soomaaliya. Bangigaas oo la oran jiray *"Cassa per la Circolazione Monetaria delle Somalia,"* ama *"La Casa"*, wuxuu si rasmi ah u howlgalay sannadkii 1954, asagoo ah hay'ad dadweyne oo ku dhisan xeerka hay'adaha dadweynaha. Isla sannadkaas, waxaa la aasaasay Bangiga Amaahda Soomaaliyeed (*Somali Credit Bank*). Sidoo kale, shirkaddii Hindiga ahayd ee waagaas maamuli jirtay Woqooyiga Soomaaliya (*British Somaliland*) waxay xilliyadaas farac bangi ka furatay halkaas, gaar ahaan magaalooyinka Berbera iyo Hargeysa.

Xukuumaddii daakhiliga ee uu hogaaminaayay Cabdullahi Ciise

Maxamuud (AUN) ayaa 1960 xeer dowladeed ku aasaastay bangigii ugu horreeyay ee Soomaaliyeed. Bangiga cusubi wuxuu qaban jiray howlaha uu qabto Bangiga Dhexe, kuwaasoo uu hore u qaban jiray Bangigii *La Cassa*. Dowladdii Talyaaniga waxay siisay Soomaaliya gargaar farsamo iyo mid maaliyadeed, waxayna amartay in la baabi'iyo *La Cassa*.

1.4.2	MAARAYNTII DHAQAALAHA EE DOWLADIHII RAYIDKA (1960 – 1969)

Caqabadihii ay Dowladdii Soomaaliyeed ee dhalatay markii gobannimada la qaatay ka dhaxashay gumaysiga waxaa ka mid ahaa midaynta nidaamyadii kala duwanaa ee ay kala adeegsanayeen maamulkii Talyaaniga ee Koofurta iyo kii Ingiriiska ee Woqooyiga. Inkastoo shaqooyinkii ay qabanayeen saraakiishii ay tababareen Ingiriiska iyo Talyaanigu ay isu dhowaayeen, wax kastoo ay heerarkoodu kala ahaayeen, haddana waxay ku shaqaynayeen xaalado shaqo iyo habab mushaar oo aad u kala duwan. Taasi waxay aad uga muuqatay saraakiishii ka shaqaynaysay laamaha iyo xafiisyada kala duwan ee dowladda, oo ay ku jireen booliska iyo ciidamada qalabka sida. Sidoo kale, farqi weyn ayaa u dhexeeyay nidaamyadii miisaaniyadda iyo xisaabaadka ee ay kala adeegsanayeen labada dhinac. Waxaa kaloo jiray kala duwanaan la xiriirta habka canshuuraha berriga iyo baraha xuduudaha[2].

Markii la qaadanayay gobannimada, dhaqaalaha Soomaaliya wuxuu ku dhowaa heerka faqriga. Xukuumaddii cusbayd, oo aan lahayn awood ay kaga soo ururiso canshuur beeraleyda iyo xooladhaqatada, wuxuu dhakhligeedu ku tiirsanaa canshuurta ka soo xaroota ganacsiga dibadda, taasoo aan ku filneyn inay daboosho kharashka dowladda ama xaqiijiso yoolkii horumarineed ee ay tiigsaneysay xukuumadda. Sidaa darteed, xukuumaddii Soomaaliyeed ee dhalatay gobannimada ka dib waxay ka maarmi weysay inay ku tiirsanaato deeqihii Ingriiska iyo Talyaaniga, oo u dhigmayay 31% miisaaniyadda guud ee dowladda saddexdii sanno ee ugu horreysay[3].

Soomaaliya waxay ka heshay dowladihii Bariga iyo Galbeedka Yurub

---

2. Lewis (Ed), 1988.
3. Metz (Ed), 1993.

deeqo iyo deyn u suurageliyay inay sannakii 1963 Xukuumaddu dejiso qorshayaal horumarineed oo hankoodu sarreeyo. Waxaa la dejiyay qorshe misaaniyadeed oo shan sanno ah, taasoo qiimaheedu gaarayay $100 malyan, isuguna jirtay deeq iyo deyn. Miisaaniyaddaas waxaa loo isticmaalay maalgelinta dhismihii kaabashaasha dhaqaalaha, sida: waddooyin, gaadiidka xamuulka, dekedaha, iyo hannaan waraab oo casri ah. Mashaariicdaas waxaa looga gol lahaa in la dhoofiyo waxsoosaarka beeraha iyo xoolaha. Waxaa maalgelin ballaaran lagu sameeyay samaynta beerta tijaabada[4], si loo soo jiito beeraleyda, oo loo baro hab beerasho oo cusub, si ay beerahooda uga helaan waxsoosaar fiican. Xarumahaas tijaabada waxaa laga sameeyay Baydhabo, Afgooye iyo Togwajaale[5].

Dhinaca xoolaha, Wakaaladda Horumarinta Xoolaha, oo la aasaasay 1965-66, waxay xoogga saartay adeegyada caafimaadka xoolaha, bixinta biyaha iyo kobcinta xoolaha (inta lagu jiro tallaalka), iyo gaadiidka. Xooladhaqatada Soomaaliyeed waxay si xamaasad leh uga jawaabeen rajada laga qabay inay hanti helaan, ayagoo galay suuqa xoolaha ee caalamiga ah. Horraantii 1960-meeyadii, qiimaha iyo tirada xoolaha la dhoofiyo ayaa ku dhowaad labanlaabmay, ayagoo isla markiiba dhaafay muuska, oo kaalinta koowaad kaga jiray dhoofinta Soomaaliya[6].

Waxaa la m aalgeliyay dhismaha waddooyin iyo kanaallo waraab oo keenay horumar dhab ah. Mashaariicdii horumarineed waxay gaareen guul la taaban karo. Sidoo kale, waxaa kordhay dhoofinta mooska iyo xoolaha nool.

1.4.4	SIYAASADIHII DHAQAALE EE MAAMULKII HANTIWADAAGGA (1969 – 1991)

Sannadguuradii koowaad ee afgembigii milateriga, Madaxweyne Siyaad Barre wuxuu ku dhawaaqay in dalku qaatay nidaamka hantiwadaagga. Sidaas ayay ku noqotay Dowladdii Soomaaliyeed mid ka mid ah dowladaha

---

4   Beero lagu tijaabiyo noocyo cusub oo abuur ah, si loo kordhiyo waxsoosaarka beeraha
5. Metz (Ed), 1993.
6. Metz (Ed), 1993.

hantiwadaagga ah. Madaxweynuhu, asagoo ka shidaal qaadanaaya talooyinkii khubaradii Sofiyeetiga iyo aqoonyahannadii Soomaaliyeed ee wax ku soo bartay dalka Talyaaniga, balse rumeysanaa hantiwadaagga, wuxuu ku dhawaaqay qorshe horumarineed oo saddex sano ah (1971 - 73), kaasoo diiradda saarayay gaarsiinta bulshadda Soomaaliyeed heerka ugu sarreeya ee nolosha, ayadoo cid kasta ay helayso shaqo u qalanta; iyo ciribtirka nidaamka hantigoosiga. Durbadiiba waxaa la dhaqangeliyay nidaamkii hantiwadaagga, ayadoo la aasaasay mashruucii *Crash Program*[7], lana abuuray warshado cusub[8].

Golaha Dhaqaalaha iyo Bulshada ee Qarammada Midoobay wuxuu sannadkii 1971 soo saaray liiska dalalka adduunka ugu saboolsan oo tiradoodu ahayd 20, kuwaasoo ay haysteen caqabado culus oo la xiriira horumarka dhaqaalaha iyo bulshada. Soomaaliya waxay ka mid ahayd dalalkas. Waxaa lagu heshiiyay in dalalkaas loo fiidiyo kaalmo gaar ah, si ay uga baxaan saboolnimada ba'an ee ay ku sugnaayeen. Maanta, tirada dalalka ku sugan xaaladda noocaasi ah waxay gaaraysaa 46.

Dowladdii milaterigu waxay soo rogtay go'aanno ay kula wareegayso, kuna maamulayso halbowlayaasha dhaqaalaha dalka. Waxaa la qarameeyay bangiyadii, shirkadihii caymiska, shirkadihii kaalimaha shidaalka, waarshaddii sokorta ee Jowhar, iyo ganacsiga dibadda – dhoofinta iyo waxsoodejinta. Waxaa la abuuray hay'ad qaran oo qaabilsan qalabka dhismaha iyo cuntada[9]. Waxaa kaloo la qarameeyay dhulalkii[10].

Samayntii iskaashaatooyinka, sannadkii 1973, waxay ahayd billowgii hannaanka dhaqaale ee ku dhisan nidaamka hantiwadaagga. Maalgelinta ugu badan ee iskaashatooyinka waxaa la geliyay horumarinta waxsoosaarka beeraha. Afgembiga ka hor, barnaamijka horumarinta beeraha waxaa loo qoondeeyay wax ka yar 10% kharashka guud. Haseyeeshee, qoondada beeraha waxay gaartay 29.1% sannadkii 1974. Iskaashatooyinka waxaa sidoo

---

7   Mashaariic la xiriira beeraha oo loo fulin jiray si dhakhsi badan, oo ku salaysan iskaa-wax-u-qabso ah
8. Metz (Ed), 1993.
9. Metz (Ed), 1993.
10. Leeson, 2007.

kale ujeeddooyinkooda ka mid ahayd horumarinta reer guuraaga. Qorshihii horumarineed ee 1974 - 78, reer guuraaga waxaa loo qoondeeyay 4.2% oo kaliya miisaaniyadda guud ee xoolaha[11].

Xukuumaddii milaterigu waxay isku waajibisay inay bulshada u fidiso adeegyo waxbarasho iyo caafimaad oo lacag la'aan ah. Waxay kaloo u adeegaysay sidii suuq loogu heli lahaa waxsoosaarka dheeriga ah; hase ahaatee, iskaashatooyinka beeraha ama kalluumaysiga midkoodna ma xaqiijin dhaqaale ahaan faa'iido[12].

Barnaamijkii hantiwadaagga ee ku wajahnaa miyiga Soomaaliya wuxuu soo jiitay hay'adaha horumarinta caalamiga ah, ayadoo Sanduuqa *Kuwait* ee Horumarinta Dhaqaalaha Carabta (KFAED), USAID iyo FAO ay markii ugu horreysay ka qaybqaateen Mashruucii Horumarinta Dhuldaaqsimeedka Woqooyiga 1977, iyo Mashruucii Horumarinta Daaqa ee Gobollada Dhexe 1979. Mashaariicdani waxay ku baaqeen in la teeleeyo dhuldaaqsimeedka, si loo helo dhuldaaqsimeed kayd ah, iyo in la qodo ceelal cusub[13].

Haseyeeshee, abaartii "Dabadheer" ee 1974 –1975 ayaa burburisay dhaqaalihii reer guuraaga[14]. Sidaas darteed, dowladdii milaterigu waxay aasaastay "Guddiga Gargaarka Abaaraha" oo uu hogaaminaayay Mudane Xuseen Kulmiye Afrax. Guddigaasi wuxuu gargaar ka raadiyay dalalka caalamka, waxaana durbadiiba ka soo jawaabay codsigaas dowlado badan iyo ururro caalami ah. Dowladdii waxay soo rartay 90,000 oo reer guuraa ah, kuwaasoo la dejiyay dhulbeereedka Koofureed, gaar ahaan Kurtunwaarrey, Sablaale iyo Dujuuma[15].

Sanduuqa Kuweyt ee Horumarinta Dhaqaalaha Carabta iyo Bangiga Adduunka ayaa iskaashatooyinka beeraleyda ka taageeray mashaariicda waraabka, kuwaasoo lagu beeray galley, digir, lows iyo bariis; halka ay dowladdu bixisay abuurka, biyaha, maamulka, xarumaha caafimaadka, dugsiyada iyo mushaharka shaqaalaha. Balse xaqiiqdii, beeruhu waxay

---

11. Metz (Ed), 1993.
12. Metz (Ed), 1993.
13. Metz (Ed), 1993.
14. Nsouli iyo Zulu, 1985.
15. Metz (Ed), 1993.

ahaayeen beero dowladeed oo aan ahayn iskaashatooyin[16].

Dowladdu waxay kaloo dhistay iskaashatooyin kalluumaysi. Inkastoo uu dalka leeyahay xeeb dheer, oo waxsoosaarkeeda lagu qiyaasay 150,000 tan oo isugu jira dhammaan noocyada kala duwan ee kalluunka, haddana horraantii 1970meeyda kalluumaysigu wuxuu waxsoosaarka guud ee gudaha ka ahaa wax ka yar 1%. Sannadkii 1975tii waxaa la aasaasay iskaashatooyinkii kalluumaysiga ee Eyl, Cadale iyo Baraawe. Midowgii Soofiyeeti ayaa iskaashatooyinka kalluumaysiga taageeray, asagoo bixiyay doonyo casri ah. Markii dalka laga eryay Dowladdii Midowga Soofiyeeti 1977, mashaariicdaas kalluumaysigu waxay kaalmo ka heleen Australia iyo Talyaaniga. Balse, iskaashatooyinkaasi waxay ku guuldarraysteen inay noqdaan kuwo soo saara faa'iido, inkastoo ay heleen taageero ballaaran oo caalami ah[17].

Dowladda milateriga waxay sheegatay in guulo waaweyn oo dhaqaale laga gaaray tijaabadii hantiwadaagga, taasoo ah mid ay wax ka jiraan marka la eego shantii sano ee ugu horreysay. Muddadaa waxaa la aasaasay warshado badan oo ay ka mid ahaayeen: Warshaddii Yaanyada qasacadaysan, Warshaddii Burka, Warshaddii Baastada, Warshaddii Sigaarka iyo Tarraqa, Warshaddii Hillibka ee Kismaayo, Warshaddii Kalluunka ee Laasqoray, iyo Warshaddii Sifaynta Batroolka. Waxaa kaloo la sameeyay warshado yaryar, sida: warshad soo saari jirtay sanduuqyada, kartoonnada iyo bacaha balaastikada, iyo dhowr warshadood oo shiidi jiray badarka. Waxaa kaloo dibuhabayn lagu sameeyay Warshaddii Caanaha; iyo sidoo kale Warshaddii Sonkorta ee Jowahar, oo la ballaariyay. Saddex ka mid ah afarta warshadood ee iftiinka ah - hilibka qasacadaysan, caanaha iyo dunta - waxaa jiray koror waxsoosaar intii u dhaxaysay 1969 iyo 1975[18].

Horumarkii dhaqaale ee xilligii nidaamka hantiwadaaggu ma ahayn mid isku si u saameeyay qaybaha oo dhan. Si kastaba ha ahaatee, dowladdu waxay ku dhawaaqday barnaamijyo kala duwan oo isugu jira soo saarista kartoonnada; gaadiidka, waraabka, biyoxireennada, bacriminta iyo buufinta

---

16. Metz (Ed), 1993.
17. Metz (Ed), 1993
18. Metz (Ed), 1993.

dalagga mooska. Dhoofinta moosku kor ayay u kacday sannadkii 1972, inkastoo ay hoos u dhacday markii dambe[19].

Bartamihii 1970tamayadii waxaa si xun u baahay musuqmaasuqa, ayadoo saraakiishii dowladda ay noqdeen kuwo awooddii iyo mas'uuliyaddii ay hayeen u adeegsaday inay dhaqaale ku samaystaan. Dhinaca kale, dad badan oo waxgarad ah ayaa laga fogeeyay maamulkii dowladda, kuwaasoo loo arkayay inay halis ku ahaayeen xukunkii jiray[20].

Nidaamkii Siyaad Barre wuxuu xoogga saaray xoreynta Soomaali Galbeed, halkii uu awooddiisa saari lahaa xaqiijinta yoolalka dhaqaale ee isbedellada hantiwadaagga. Arrimahaas iskudarkoodu waxay dhaawac u geysteen dhaqaalihii dalka. Laba dhibaato ayaa muuqday beryahaas: deynta dowladda lagu leeyahay oo sare u kacday, iyo warshadihii yaryaraa oo kacay ka dib markii ay is bixin waayeen.

Dhoofinta mooska, oo ka mid ahaan jirtay qaybaha muhiimka ah, ayaa si xun hoos ugu dhacday xilligii Hantiwadaagga Cilmiga ku dhisan, ayadoo waxsoosaarka warshadaha sonkorta, oo ay maamulaysay dowladdu, uu shiiqay heer uu gaaray inuu dabooli waayo dalabka gudaha[21]

Sidoo kale, waxsoosaarkii beeraleyda yaryar ee soo saari jiray badarka, gaar ahaan dhulka waraabka ah ee Koofurta, ayaa si weyn hoos uga dhacay inuu daboolo dalabka gudaha, taasoo timid markii ay beeraleydu ku qanciwaayeen qiimihii hooseeyay ee ay dowladdu u goysay badarka, ayagoo u weecday beerista dalagyo kale oo ay faa'ido ka arkeen, sida qaraha, kaasoo aan ka mid ahayn waxsoosaarkii beeraleyda ay saamaysay siyaasadda sicirka ee dowladdu, ayna u arkeen in uu suuq lahaa[22].

Bartamihii 1970meeyada waxaa sare u kacay deyntii dibadda, taasoo ka sare martay dhakhliga badeecadaha la dhoofiyo. Sannadkii 1980, deynta Soomaaliya lagu leeyahay waxay gaartay Sh. So. 4 bilyan, taasoo marka la adeegsado sarrifka qalaad ee sannadkaasi doollar ahaan noqonaysa 646.3

19. Metz (Ed), 1993.
20. Metz (Ed), 1993.
21. Lewis (Ed), 1988.
22. Lewis (Ed), 1988.

malyan, oo u dhiganta dakhligii ka soo xaroon lahaa dhoofinta mooska muddo 70 sano ah. Dalalka lahaa deyntaas waxaa ka mid ahaa: USSR oo lahayd US$110 malyan; *China* oo lahayd US$ 87.2 malyan; Sacuudi Carabiya oo lahayd US$ 81.9 malyan; Imaaraadka Carabta oo lahaa US$ 67.0 malyan; *Kuwait* oo lahayd US$ 27.1 malyan, Sanduuqa Horumarinta Dhaqaalaha iyo Bulshada Carbeed oo lahaa US$ 34.7 malyan; iyo daynbixiyayaal kale. Sannadkii 1980, dhaqaalaha Soomaaliya ma ahayn mid soo jiidanaya maalgelinta shisheeye. Dhammaan sanaadiiqda caalamiga ee maalgelinta waxay u soo bandhigeen Soomaaliya heshiis dib u jadwaleynayo deynta Soomaaliya. Qodob ka mid ah heshiiskaasi wuxuu sheegayay in saraakiil rayid ah oo caalami ah ay ilaalinayaan kharashka dowladda. Taasi waxay ka dhalatay deynta caalamiga ah. Sidaas darteed, Soomaaliya waxay lumisay awooddii xakameynta qaabdhismeedka dhaqaalaheeda guud [23].

Sannadkii 1990, daynta lagu lahaa Soomaaliya waxay ahayd 1.9 bilyan oo doollarka Maraykanka ah, taasoo aanay ku jirin deyntii laga qabay dalalkii Yurubta Bari; deymahaas oo iskudarkoodu ka dhignaa 360% waxsoosaarka dalka [24].

Waxaa kaloo hoosudhac ku yimid sannadihii 1975 – 1981 qaybtii warshadaha. Dhoofinta badeecadaha la warshadeeyay, oo ahayd 20% bartamihii 1970, ayaa gaartay eber sannadkii 1978 dagaalkii Soomaali Galbeed dartiis. Waxaa kaloo hoosudhac ku yimid waxsoosaarka. Sannadkii 1969, Soomaaliya waxay soo saartay 47,000 oo tan oo sonkor ah; balse sannadkii 1980 tiradaasi waxay hoos ugu dhacday 29,100 tan oo kaliya (dhammaan tirooyinka waxay ku salaysanyihiin sannad xisaabeedka). Sannadkii 1975, dalku wuxuu soo saaray 14.4 malyan oo qasac oo hilib ah; iyo 2,220 tan oo ah kalluun qasacadaysan. 1979 tiradaasi waxay hoos ugu dhacday 1.5 malyan oo qasac oo hilib ah, iyo xaddi yar oo kalluun qasacadaysan ah. Haseyeeshee, waxsoosaarka dharka ayaa kor u kacay muddadaas, walow dharkaasi uu ahaa mid khafiif ah, kaasoo qiima jaban lagaga iibin jiray dadweynaha. Qaybtii labaad ee 1970meeyadii, waxaa hoosudhac ku yimid waxsoosaarka

---

23. Metz (ed), 1993.
24. Samatar, oo soo xigtay WB 1990; IMF, 1993.

badeecado badan, sida: Caanaha, Baastada, Sigaarka iyo Tarraqa.

Sidoo kale, mashaarriicdii warshadaha ayaa guuldarraystay maamulxumo darteed. Tusaale ahaan, sida ay sheegeen[25] tirada shaqaalaha Warshaddii Dharka ee Balcad waxay gaartay 1600, inkastoo dhab ahaantii ay Warshadda u baahanayd seddaxmeelood meel tiradaas; maamulkuna ma go'aamin karin kala diridda shaqaalaha dheeraadka ah sababo siyaasadeed awgood.

| 1.4.5 | HANAANKII DHAQAALE EE IMF IYO BURBURKII DHAQAALAHA |

Dagaalkii 1977-78 waxaa ku burburay barnaamijkii hantiwadaagga, ayadoo ay Soomaaliya lumisay xubinnimada isbaheysigii uu hoggaaminaayay Midowgii Soofiyeeti. Xiriirkii cusbaa ee lala yeeshay Maraykanka lagama helin wax u dhow kaalmadii milatari ee laga codsaday. Dhinaca dhaqaalaha, Maraykanku wuxuu keenay hab cusub oo badeeco deeq loo bixiyay suuqa gudaha lagu iibinayo, taasoo lacagta ka soo xaroota loo adeegsanayo mashaariicda horumarinta, kuwaasoo labada dhinac (Soomaaliya iyo Maraykanka) mid waliba uu doonayay inuu maamulo. Haseyeeshee, xaaladdii halista ahayd ee uu ku sugnaa dhaqaaluhu ka dib dagaalkii 1977, iyo baahidii darnayd ee maaliyadeed ee ka dhalatay dadkii ka soo qaxay dagaalka ayaa ku khasbaysay Soomaaliya inay aqbasho kaalmadii IMF ee lagu shardiyay furfurista dhaqaalaha[26]

Sidaas awgeed, Dowladdii Soomaaliya waxay la gashay IMF heshiis siyaasad dhaqaale bishii Febraayo 1980, kaasoo aan lagu hirgelin waqtigiisii. Heshiisyadii diyaarka ahaa ee Luulyo 1981 iyo Luulyo 1982 waxaa la dhammaystiray Luulyo 1982 iyo Jannaayo 1984, siday u kala horreeyaan. Si loo buuxiyo sharuudaha IMF, dowladdu waxay joojisay siyaasaddeedii ku salaysanayd shaqaalaysiinta dhammaan ardayda ka qalinjabisa dugsiyada sare. Sidoo kale, waxay tirtirtay barnaamijkii "suuqgeynta badarka"ee dowladda.[27]

---

25. Gray iyo Albert 1989.

26. Lewis (Ed), 1988.

27 Barnaamijkani wuxuu ahaa mid aan u oggolaanayn beeraleyda inay waxsoosaarkooda suuqa ka iibsadaan si xor ah; waxaa kaliya oo u furnayd inay Hay'addii dowladeed ee ADC ku wareejiyaan, taasoo qiima jaban kagala wareegi jirtay.

Dowladdu waxay markaa diyaarisay barnaamij dhaqaale oo soo kabasho muddada dhexe ah, kaasoo ka kooban barnaamijka maalgashiga dadweynaha ee 1984-86; iyo qaybtii koowaad ee barnaamij dibuhabayn siyaasadeed. Maaddaama Hay'adda Horumarinta Caalamiga (IDA) ay u aragtay barnaamijkan mid ay adagtahay in la hirgeliyo, dowladdu waxay hoos u dhigtay mashaariicdii ay wadday, oo uu ugu weynaa mashruucii dhismaha biyaxireenka Baardheere, taasoo ay IDA ku talisay. Waxay kaloo ka tagtay barnaamijkeedii ugu horreeyay ee dibuhabaynta dhaqaale ee 1984. Bishii Maarso 1984, dowladdu waxay saxiixday warqad ujeedadeedu ahayd oggolaanshaha shuruudaha cusub ee IMF deynfududeynta, oo qiimihiisu gaarayay US$183 million, taasoo soconaysay muddo saddex sanno ah. Haseyeeshee, shirkii Golaha Wasiirrada Soomaaliya ee bishii Abril wuxuu diiday heshiiskan, ayadoo hal cod lagu baabi'iyay. Taliska Xoogga Dalka iyo Wasiirrada qaarkood ayaa ka carooday in 60% la dhimo Miisaaniyadda Ciidanka Xoogga Dalka. Heshiisku waxaa kaloo uu dhigayay in qiimadhimis lagu sameeyo shilinka iyo in la yareeyo tirada shaqaalaha dowladda.

Dhibaato cusub ayaa soo waajahday dhaqaalaha Soomaaliya bishii June 1983, ka dib markii ay Dowladda Sacuudi Carabiya go'aansatay inay joojiso lo'dii loo dhoofinaayay. Joojintaas waxay sii ballaaratay markii lagu daray ariga, taasoo dhacday bila yar ka dib[28]. Mas'uuliyiinta Sacuudiga waxay ku andacoonayeen in xoolaha Soomaalida lagu arkay daacuunka xoolaha, taasoo ka dhigaysa mid aan badqabin. Haseyeeshee, waxaa jiray warar sheegaya in ganacsatada Sucuudigu ay goor ku dhow xilligaasi maalgashi ku sameeyeen xoolaha Australia, ayna doonayeen inay la wareegaan suuqa xoolaha ee dalkooda. Si kastaba ha ahaatee, joojintii Sucuudiga waxay abuurtay khasaare weyn oo miisaaniyadeed, iyo inay uruurto dulsaarkii deymaha ee lagu lahaa dalka[29].

Dhoofinta xooluhu waxay gaartay halkii ugu sarraysay sannadkii 1982, markaasoo ay ka soo xarootay lacag dhan 132 million oo dollar, taasoo u

---

28. Gray iyo Albert, 1989.
29. Metz, 1993.

dhigantay 80% lacagta adag ee dalku samaynayay[30].

Caqabadda ugu weyn ee hor istaagtay ballaarinta dhoofinta xoolaha iyo badeecadaha kale waxay ahayd Soomaaliya oo aan lahayn kaabayaasha isgaarsiinta, sida: waddooyin wanaagsan, agabka maraakiibta, warisgaarsiin tayo leh, iwm. La'aanta adeegyo bangi ayaa sidoo kale keentay dhibaato. Taasi waxay ka dhignayd inaan Soomaaliya si sahal ah uga gudbi karin barnaamijka "Hagaajinta Qaabdhismeedka Maamul iyo Maaliyadeed" ee uu dalbayay heshiiskii IMF.

Bishii Maarso 1985, wadahadal lala yeeshay *Paris Club*[31] ka dib, waxaa dib loo habeeyay jadwalka deynbixinta ee Soomaaliya, ayadoo dowladdu qaadatay Barnaamij Dibuhabeyn ah (*Adjustment Program*) oo ay ku jiraan qiimadhimis Shilin Soomaaliga, iyo aasaasidda suuq xor ah ee sarrifka lacagaha qalaad. Bishii Nofembar 1985, ayadoo lala kaashanayo Kooxda Wadatashiga ee Deeqbixiyayaasha Gargaarka, oo ah hay'ad farsamo oo ka tirsan Naadiga *Paris*, dowladdu waxay soo bandhigtay Istaraatiijiyaddeedii Horumarinta Qaranka iyo Barnaamijkeeda dib-u-eegista barnaamij maalgashi oo saddex sano ah. Saraakiisha gargaarka reer Galbeedka ayaa dhalleeceeyay barnaamijkan, ayagoo ku tilmaamay mid damac weyn[32].

Bishii Juun 1986, dowladdu waxay hay'adda IDA kala xaajootay barnaamijka hagaajinta waaxda beeraha. Bishii Sebtembar 1986-kii, waxaa la billaabay habka xaraashka sarrifka lacagaha qalaad, kaasoo ay howlgelintiisu la kulantay dhibaatooyin daran, sababtoo ah habkaan sarrifka lacagaha qalaad wuxuu si buuxda ugu tiirsanaa gargaarka dibadda, taasoo sababtay inay dhashaan heerar badan oo sarrif ah, oo lagu dabbaqi karo noocyada kala duwan ee wax-kala-iibsiga[33].

IDA waxay diyaarisay warbixinta mashruuca marxaladda labaad 1986, taasoo soo cusboonaysiisay baaqii ku saabsanaa "gaaryeelidda ganacsiga" (privatization). Waxay ku ammaantay dowladda sida ay u fasaxday in si

---

30. Lewis (Ed), 1988.

31 Magaca aan rasmiga ahayn ee koox ka kooban 18 dal oo deynbixiyayaal ah reer Galbeed ah.

32. Metz (Ed), 1993.

33. Metz (Ed), 1993.

xor ah loo soo dejiyo waxsoosaarka batroolka, balse waxay ku canaanatay inaysan weli oggolaannin suuqgeyn xor ah oo la xiriirta ganacsiga hargaha iyo saamaha[34].

IDA waxay cadaadis weyn saartay dowladda, gaar ahaan ayadoo adeegsanaysa dadka u ololeeya suuqa xorta ah, inay soo saarto sharciga oggolaanshaha bangiyada gaarka loo leeyahay. Si loo sii dhiirigeliyo ganacsiga gaarka loo leeyahay, IDA waxay diyaar u ahayd inay maalgeliso Rugta Ganacsiga Soomaaliyeed, haddii Dowladda Soomaaliya ay oggolaato inay noqoto hay'ad madax bannaan.

Warbixintii 1986 ee IDA waxay ku baaqday habab lagu wanaajinayo ururinta dakhliga dowladda iyo hababka xakamaynta miisaaniyadda. Haddaba, dhisidda dowlad awood u leh ururinta cashuuraha, samaynta dibuhabaynta siyaasadda, iyo waxkaqabashada dhibaatooyinka maaliyadeed ayaa noqday diiradda cusub ee qorshaha dibuhabeynta dhaqaalaha dalka. Si loo fuliyo qorshahaan, IDA waxay dhiirigelisay yaraynta shaqaalaha rayidka. Laga soo billaabo 1985, inkastoo 5,000 oo shaqaale dowladeed ah laga eryay shaqooyinka, IDA waxay weli dareemaysay in 80% shaqaalaha rayidka ah ay weli culeys ku yihiin dhaqaalaha dalka; haseyeeshee, waxay boorriyeen in mushaarkordhin loo sameeyo kuwa jooga shaqooyinka waxtarka leh [35].

Qorshihii shanta sano ee Soomaaliya ee 1987 - 91 wuxuu si weyn uga tarjumay cadaadiska caalamiga ah iyo dhiirigelinta IMF iyo IDA. Qorshaha shanta sano waxaa ku jiray hergelinta ganacsiga gaarka loo leeyahay; sidoo kale, waxaa qorshaha ka mid ahaa mashaariic horumarineed oo ka miisaan yar kuwii hantiwadaagga, si fududna loo hirgeliyay. Sannadkii 1988 dowladdu waxay ku dhawaaqday hirgelinta siyaasadaha qaabdhismeed maamul iyo maaliyadeed oo ay dhiirrigeliyeen IMF iyo IDA.

Marka la eego sarrifka lacagaha qalaad, dowladdu waxay qaadday tallaabooyin dhexdhexaad ah oo badan, oo horseedaya in la mideeyo sicirka sarrifka suuqa iyo midka ay xukumaddu goysay. Dhanka bangiyada, waxaa la sameeyay sharci u oggolaanaya bangiyada gaarka loo leeyahay inay

---

34. Metz (Ed), 1993.
35. Metz (Ed), 1993.

shaqeeyaan. Dhanka maaliyadda dowladda, dowladdu waxay hoos u dhigtay hoosudhaca dhakhliga waxsoosaar ee dalka, GDP 10% ilaa 7%, sida lagu taliyay, laakiin waxay qiratay in kordhinta canshuuraha shidaalka, kirada iyo iibka la fuliyay qayb ahaan.

Canshuurta qiimaha ee shidaalka la soo dejiyo lama kordhinin; waxaase la kordhiyay canshuurta dakhliga kiraynta; iyo canshuurta iibka oo kor loo qaaday 5% ilaa 10%. Dowladdu waxay sii wadday inay dib u dhigto hirgelinta wixii ku saabsan ganacsiga dadweynaha ee ku jiray heshiiskii IMF, ayadoo ka cagajiidaysa fulinta qorshayaasha lagu baabi'inayo ganacsiyada aan faa'iidadoonka ahayn [36].

Qiimadhaca shilinka wuxuu soo shaacbixiyay qiimaha dhabta ah ee haruurka dibadda laga keeno, ayadoo uu sare u kacay qiimaha dalagga gudaha. Sicirka dibuhagaajinta ayaa keenay koror qiimaha waxsoosaarka beeraha oo gaaraya 13.5% intii u dhaxeysay 1983 iyo 1985. Sicirbararka ayaa sidoo kale la dajiyay ama hoos loo dhigay, asagoo hoos uga dhacay heerka sannadlaha 59% ee 1980 ilaa 36% 1986.

Saraakiisha Bangiga Adduunka ayaa xogtan u adeegsaday si ay u shaaciyaan guusha Soomaaliya ee Hagaajinta Qaabdhismeedka Maamulka iyo Maaliyadda. Haseyeeshee, sawirka guud ma ahayn mid dhiirigelin leh. Waxsoosaarka warshadaha ayaa hoos u dhacay, wuxuuna gaaray hoosudhac 0.5% ah sannadkii, laga soo billaabo 1980 ilaa 1987. Dhoofintu waxay hoos u dhacday 16.3% sannadihii 1979 ilaa 1986. Intaa waxaa dheer, korukaca GDP-ga oo ahaa 0.8% sannadihii 1979 ilaa 1986 ayaan la socon koboca dadweynaha. Qiyaastii Bangiga Adduunka waxay sheegtay in sannadkii 1989 uu GNP-ga Soomaaliya (Dhakhliga waxsoosaarka Qaran) uu ahaa US$1,035 malyan, ama US$170 dhakhliga qofkiiba sannadkiiba (*per capita income*). Waxaa kaloo lagu qiyaasay in intii u dhaxaysay 1980 iyo 1989 GNP-ga dhabta ah uu hoos u dhacay 1.7% sannadkii [37].

Muddadii u dhaxaysay 1987 iyo 1989, natiijada dhaqaale ee waxsoosaarka beeruhu waxay ahayd mid isku dhex jirta. Inkastoo galleyda, haruurka iyo

36. Metz (Ed), 1993.
37. Metz (Ed), 1993.

sonkorta ay ahaayeen dalagyada ugu muhiimsan, xoolaha iyo muuska ayaa weli ku jiray kaalimaha hore ee dhoofinta. Qiimaha dhoofka xoolaha iyo mooska ee 1989 (sanadkii ugu dambeeyay ee xogta la helay May 1992) wuxuu ahaa US\$26 malyan iyo US\$25 malyan, siday u kala horreeyaan. Xoolaha, oo ka kooban geel, lo', ari, iyo ido, waxay u adeegayeen dhowr ujeeddo. Mar waxaa laga heli jiray caano iyo hilib ay dadku cunaan, marna waxay ahaayeen xoolo iyo harag la dhoofiyo oo lacag adag soo xareeya [38].

Dagaalladii looga soo horjeeday dowladda oo sii xoogaystay awgeed, dhaqaaluhu si xawli ah ayuu u xumaaday sannadihii 1989 iyo 1990. Markii hore, xoolihii laga dhoofin jiray Woqooyiga Soomaaliya waxay ka dhignaayeen ku dhowaad boqolkiiba 80 lacagta qalaad ee la heli jiray, laakiin dhoofintaasi waxay istaagtay 1989kii. Sicirbarar ku dhacay badeecooyinka, oo ay ku jiraan cuntada, shidaalka, dawooyinka iyo biyaha, ayaa ka dhacay dalka oo dhan. Ka dib dhicistii taliskii Siyaad Barre dabayaaqadii Janaayo 1991, xaaladdu waxay ku guul darreysatay inay soo hagaagto dagaalladii qabiilka oo sii xoogaystay darteed.

| 1.4.6 | BURBURKII DOWLADDA IYO DHAQAALAHA XILLIGII DAGAALKA SOKEEYE. |

Sidii aan soo aragnay, laga billaabo 1970 dowladdii milateriga waxay la wareegtay halbowlayaashii dhaqalaaha iyo maaliyadda dalka sida: dhoofinta (*export*) iyo soodejinta (*import*); waxsoosaarka beeraha iyo warshadaha; bangiyada; gaadiidka iyo isgaarsiinta; iyo dhismaha. Kaalinta dadweynaha waxay ahayd kaalinta tafaariiqda (*retailers*) ama u dhexeeyayaasha dowladda iyo macaamisha (*consumers*). Maamulka iyo horumarinta dhaqaalaha dalka wuxuu ku jiray gacanta dowladda dhexe, taasina waxay keentay koboca ganacsiga ku dhisan suuqa madow iyo musuqmaasuqa. Dowladdii milaterigu waxay gacankuhaynta dhaqaalaha u adeegsatay cimridheerida xukunkeeda, maxaayeelay waxay u isticmaashay naasnuujinta taageerayaasheeda iyo cadaadiska iyo cabburinta mucaaradkeeda. Arrintaas waxay aad u saamaysay

---

38. Metz (Ed), 1993.

Gobollada Woqooyi (*Somaliland*) oo ciriiri ganacsi la saaray.

Musuqmaasuqa dartiis, waxaa aad u kordhay caqabadaha ku gudban ka qaybgalka howlaha ganacsiga. Sidaa darteed, bartamaha sannadihii 1980-maadka, dhaqaalaha dalka wuxuu ka baxayay habka dhaqaalaha rasmiga ah (*Formal economy*) oo ku saleysan nidaam iyo siyaasad dhaqaale maaliyadeed oo xeer leh, daahfuran, la xisaabtanna leh; wuxuuna u gudbyay hab dhaqaale oo aan rasmi aheyn (*informal economy*) oo ay dadweynaha siyaabo kala duwan wax isku dhaafsan jireen, waxaana aad u baahay shaqo la'aan iyo hoosudhaca heernololeedka bulshada Soomaaliyeed iyo rajada mustaqbalka, iyo cadaal addarro; arrimahaasoo sabab u ahaa kacdoonkii aan hubaysnayn iyo midkii hubaysnaa ee ay bulshada Soomaaliyeed uga soo horjeesatay dowladdii haysay talada dalka, ka dibna xukunka looga tuuray. Sidaas awgeed, Soomaaliya waxay qarniga 20aad noqotay dal aan lahayn dowlad iyo hab dhaqandhaqaale oo casri ah.

Markii ay burburaysay dowladdu sannadkii 1991, waxaa dalka ka taagnaa qalalaase ka dhashay gabaabsigii lacagta adag iyo qiimadhaca shilin Soomaaliga sicirbarar dartiis, taasoo ka dhalatay kharashka xad-dhaafka ah ee dowladda iyo bixinta/qaadashada amaahda xad-dhaafka ah ee Bangiga Dexe, iyo Bangiga Ganacsiga iyo Kaydka Soomaaliyeed, oo uu wehliyo hoosudhicii waxsoosaarka dalka.

Markii shilin Soomaaligu qiimadhacay, dadweynuhu waxay wax ku kala iibsanayeen jeegagga wareega (*circular/cashier cheques*) oo inta badan lagu helay, amaah ay bangiyadu bixinayeen rahan la'aan. Bil ka hor burburkii dowladda, waxaa albaabada la isugu dhuftay Bangigii Ganacsiga iyo Kaydka Soomaaliyeed ka dib markii uu oo kacay, ayadoo Bangiga Dhexe loo xilsaaray dibuhabeyntiisa.

Muddadii dowlad la'aanta, isticmaalka shilin Soomaaliga waxaa beddelay isticmaalka lacago qalaad, sida: Doollarka, *Euro*; iyo lacagaha dalalka *Kenya*, *Ethiopia*, Imaaraadka, iyo Sacuudiga. Ilaha ay lacagaha qalaad ka imaanayaan waxaa ka mid ah: qurbajoogta Soomaaliyeed, oo sababo kala duwan lacag ugu soo dira dalka; gargaarka bani'aadamnimo ee laga helo beesha caalamka sannad walba; iyo lacagta ka soo xaroota waxyaabaha la dhoofiyo, sida:

xoolaha, kalluunka, hargaha, liinta, mooska, iwm.

Haddaba, waxaa muhiim ah in la caddeeyo in, laga soo billaabo burburkii dowladda ilaa maanta, ay adagtahay in la sharraxo, laga doodo, la ammaano ama la naqdiyo siyaasadda dhaqaalaha iyo maaliyadda Soomaaliya, maxaayeelay waxaan jirin qaabdhismeedka dhaqaalaha guud (*Macroeconomic structure*) ee laga heli halaa macluumaadka la xiriira sooyaalka siyaasadaha dhaqaalaha iyo maaliyadda ee 30kii sano ee ugu dambeyay. Sidaas awgeed, wuxuu hadalku u badnaan doonaa sharraxaadda xaaladaha saameynaya dhaqaalaha iyo maciishadda dadka Soomaaliyeed, iyo guud ahaan geeddisocodka dowladnimada Soomaaliyeed, gaar ahaan hay'adaha dowladda ee u xilsaaran dejinta iyo fulinta siyaasadaha dhaqaalaha iyo maaliyadda dalka, iyo duruufaha iyo waxqabadka ay ku suganyihiin.

Burburkii dowladdii milateriga waxaa ka dhashay labo arrimood:

- In xaaladda nololeed ee shacbiga Soomaalliyeed ay si aad ah hoos ugu dhacday, taasoo ka dhalatay nabadgelyo la'aan, shaqo la'aan iyo burbur ku dhacay hantidii dowladda iyo tii gaarka loo lahaa; iyo ayadoo ay baaba'een ilihii dakhliga qofeed, islamarkaana ay xirmeen dekedahii dalka oo dhan. Waxaa la abuuray dekedo macmal ah oo ay aad u adkeyd in wax laga dhoofiyo, waxna laga soo dejiyo. Beesha Caalamka waxay dalka *Kenya* ka furtay xafiisyo qaabilsan Soomaaliya oo la marsiinayay dhaqaalaha sannad kasta loo qoondaynayay gargaarka bani'aadnimo ee Soomaaliya - xagga cuntada, caafimaadka, waxbarashada, dibuheshiisiinta, taakuleynta beeraleyda iyo kahortagga dhibaatooyinka cimilada. Gargaarkaas waxaa la soo marinayay oo maamulayay hay'adaha Qarammada Midoobay, Hay'adaha aan Dowliga aheyn ee Caalamiga ah (*International Non-Governmental Organizations*), iyo Hay'adaha aan Dowliga ahayn ee Soomaaliyeed (NGOs) si kaalmooyinkaas loo gaarsiiyo dadweynaha tabaaleysan. Halkaas waxaa ka abuurmay qaabdhismeed dowladeed oo saameyn ku leh nololmaalmeedka bulshada Soomaaliyeed, balse ka madaxbannaan Soomaalida. Sidaas darteed, ma jirin siyaasad dhaqaale iyo maaliyadeed ee dalka Soomaaliya lahaa.

- In dalka gudihiisa, dhammaan howlihii iyo adeegyadii dhaqaalaha iyo maaliyadda dalka ay ku wareegaan gacanta shacabka Soomaaliyeed. Sidaas awgeed, Soomaliya waxay noqotay dal aan lahayn dowlad hagta dhaqaalihiisa, bixisa adeegyada guud *(public goods and services)*, islamarkaana ilaalisa xasilloonida iyo horumarka dhaqaalaha, si loo gaaro iskufillaansho *(self-sufficiency)*, nolol heerkeedu sarreeyo *(higher living standard)* iyo shaqaaleyn buuxda *(full employment)*. Dhaqaalaha gaarka loo leeyahay *(private entrepreneurships)* wuxuu, muddadii 30ka sano ahayd ee ay Soomaaliya dowlad la'aanta ahayd ama ay ka talinayeen dowlado taag darani, kaalin horaad uga jiray badbaadada iyo daryeelka Ummadda Soomaaliyeed, waxaana mudda qaadan doona iswaafajinta, is-oggoleynsiinta kaalinta dowladda *(State Role)* iyo kaalinta dhaqaalaha gaarka loo leeyahay *(Private Sector Role)*, si loo xaqiijiyo himilooyinka horumarka dadka iyo dalka Soomaaliyeed sanooyinka dhow.

1.4.6.1 | DHALASHADII DOWLADDII KMG EE CARTA.

Gabagabadii shirweynihii geeddisocodka dibuheshiisiinta iyo Nabadda Soomaaliya ee ka dhacay Magaalada Carta ee dalka Jabuuti sannadkii 2000, waxaa lagu heshiiyay yagleelidda dowlad qaran oo KMG, waxaana la ansixiyay Axdi KMG, kaasoo lagu dhisayo dowlad qaran oo KMG, dimuqraadi ah, kana kooban madaxweyne, baarlamaan, garsoor madaxbannan, gole wasiirro, hay'ado amni, iyo hay'ado kaaliya xukuumadda oo dastuuri ah. Dowladdaas waxaa loogu talagalay inay u gogol xaarto muddo 3 sano ah dhismaha dowlad rasmi ah oo dalka ka talisa, taasoo ahayd bartilmaameed aad u culus.

Shirkii Carta waxaa lagu xulay baarlamaan, kaasoo doortay Madaxweyne, kaasoo magacaabay Ra'iisulwasaare soo dhisay xukuumad. Waxaa kaloo la magacaabay Guddoomiyaha Bangiga Dhexe. Dowladdaas waxay noqotay dowlad KMG oo ay Beesha Caalamka aqoonsantahay ka dib burburkii dowladdii rasmiga ahayd ee Jannaayo 1991. Nasiibdarro, howlgalladii dowladdaas waxaa ragaadiyay arrimo ay ugu waaweyn yihiin labadaan qodob: (i) Beesha Calaamka lagama helin taageeradii dhaqaale iyo siyasadeed ee ay u baahnayd dowalddu. (ii) dowladda Ethiopia waxay carqaladaysay hanaqaadkii dowladdaas, ayadoo abuurtay gole mucaarad oo ka soo horjeeda dowladda.

Guddoomiyihii Bangiga Dhexe ee lagu magacaabay Jabuuti[39] wuxuu muddo gaaban ku sugnaa dalka Jabuuti, ka dibna wuxuu isaga tagay shaqada. Inkastoo la magacaabay mas'uuliyiin u xilsaaran hay'adaha shaqada ku leh dhaqaalaha dalka, xagga waxsoosaarka iyo xagga maaliyadda, sida: Wasaaradaha Beeraha, Kallumaysiga iyo Kheyraadka Badda; Xannaanada Xoolaha, Daaqa iyo Dhirta; Macdanta iyo Biyaha; Warshadaha iyo Ganacsiga, Qorshaynta Qaranka; Maaliyadda; Guddoomiyaha Bangiga Dhexe; Xisaabiyaha Guud; iyo Hantidhowraha Guud, dhammaan mas'uuliyiintaas ma laheyn goob shaqo iyo shaqaale karti iyo aqoon sare leh, mana jirin jawi taageeraya u hoggaansanaanta dhaqan dowladeed. Waxaa ka daran in mas'uuliyiintaasi ay ka fogaayeen fahamka xaaladdii uu dalku marayay, nidaamka dowladeed ee uu tilmaamayay Axdiga KMG, iyo dadaalkii ay u baahnayd dibudhiska dowladnimada Soomaaliyeed. Dhaqanka, fikradaha iyo waaya-aragnimada ka muuqatay mas'uuliyiintaas xubnaha ka ahaa dowladda KMG waxay ahaayeen kuwii laga dhaxlay dowladii kelitaliska ahayd, kaasoo aan la jaanqaadi karin marxaladdii ay dadka iyo dalku marayeen. Guud ahaanna, dowladihii KMG ma haleelin inay la yimaadan qorshe iyo dadaal sarreeya oo wax ka beddeli karay dhibaatooyinkii taagnaa waagaas.

Caqabadihii haystay dowladdaas waxaa ka mid ahaa inuusan jirin dakhli gudaha ka soo xerooda, maxaayeelay dowladdu ma awoodin inay ururiso wax canshuur ah; waxayna ku dhaqdhaqaaqaysay kaalmo shisheeye oo aad u yar. Tusaale ahaan, dowladaha reer galbeedka ayaa ugu deeqi jiray kharashaadkii ku baxayay sahayda safarrada, maamulka xafiisyada madaxda sare iyo tababarrada, taasoo loo soo marin jiray hay'adda UNDP. Sidoo

---

39 Dowladdii lagu soo dhisay Carta, Jabuuti, waxay xilkaasi u magacowday Cali Cabdi Camalow.

kale, dowlado carbeed ayaa ugu deeqay lacago loogu talagalay mushaarka madaxda, shaqaalaha iyo ciidammada, kuwaasoo aad uga yaraa baahida.

Waxaa dadaal dhib badan loo galay hirgelinta nidaamka "Maamulka Maaliyadda Dowladda" (*Public Financial Management*), kaasoo lagu billaabay in deeqaha dowladda soo galaya looga furo xisaabaad (*Accounts*) hay'adaha gaarka loo leeyahay ee xawaaladaha, sida: Dahabshiil iyo Barakaat; iyo in Wasaaradda Maaliyaddu ay isticmaasho xaashida lacagbixinta (*payment voucher*), islamarkaana hay'adaha dowladdu ay samaystaan xaashida mushaarbixinta (*payroll*). Bangiga Dhexe wuxuu ku dadaalay in Wasaaradda Maaliyadda lagula xisaabtamo ilaalinta sharciyadda sooxareynta dakhliga iyo bixinta kharajka dowladda, halka Bangiga Dhexe lagula xisaabtamayo maamulka khasnadda dowladda.

Inkastoo la magacaabay Guddoomiyaha Bangiga Dhexe[40], haddana ma jirin dhismo ku habboon xilgudashada Bangiga Dhexe, oo ay ugu horreysay hirgelinta shaqada khasnadda dowladda (*Treasury functions*), taasoo ah maamulidda dakhliga iyo kharashaadka dowladda (*government cash management*), sida: qabashada iyo xafidaadda dakhliga, iyo bixinta kharashka si waafaqsan sharciga lacagbixinta ee Wasaaradda Maaliyaddu ay mas'uulka ka tahay. Bangiga Dhexe wuxuu xisaabcelin iyo xisaabxir siiyaa Wasaaradda Maaliyadda, Baarlamaanka iyo shacbiga. Bangiga wuxuu fuliyaa shaqooyin muhiim ah oo la xiriira siyaasadda dhaqaalaha iyo maaliyadda, kuwaasoo kala ah: ilaalinta sicirbararka (*price stability*), koboc dhaqaale oo waara (*sustainable economic growth*) iyo gaarista shaqaaleyn buuxda (*full employment*), asagoo mas'uuliyaddaas u gudanaya si waafaqsan Siyaasadda Maaliyadda (*Monetary Policy*), wuxuu u xilsaaranyahay Bangigu latalinta xukuumadda xagga arrimaha dhaqaalaha (*Government Economic Advisor*). Bangiga Dhexe iyo Wasaaradda Maaliyadda waa labo hay'adood oo ay tahay inay u wada shaqeeyaan si hufan, ayagoo kala leh labo mas'uuliyadood oo isku xiran, isna saameeya.

Waxaa maqnaa dhammaan duruuftii iyo shuruudihii Dowladda KMG

---

40 Dr Maxamuud Culusow ayaa Guddoomiyaha Bangiga noqday markii Cali Cabdi Camalow uu jagada banneeyay

iyo Bangiga Dhexe ku fulin kareen ujeeddooyinkii loo yagleeyay, maxaayeelay waxaa jiray caqabado waaweyn oo xagga maamulka ah, kuwaasoo ay ka mid ahaayeen ku dhaqanka sharciga iyo nidaamka dowladda, iyo wadashaqeynta hay'adaha dowladda.

Dowladda KMG waxay ku mashquulsanayd helitaanka dhaqaalihii ay ku shaqayn lahayd, si ay wax uga qabato dambiyada; dacwadaha iyo khilaafka joogtada ah, qotada dheer, aadkana u ballaarnaa ee hagardaamaynayay nabadgelyada iyo taabbagalka dowladnimada. Xilgudashadaasi waxay muhiim u tahay helitaanka aqoonsiga, kalsoonida iyo taageerada dadweynaha Soomaaliyeed. Waxaa xusid mudan in howlgalka dowladda KMG uu ku koobnaa Magaalada Muqdisho iyo howlaha la xiriira xiriirka caalamiga ah.

Wasaaradda Maaliyadda iyo Bangiga Dhexe waxay u xilsaarnaayeen dibusoonooleynta nidaamka maamulka maaliyadda dowladda. Ma jirin canshuur Wasaaradda Maaliyadda soo ururinaysay. Gaar ahaan, Wasaaradda Maaliyadda iyo Wasaaradda Arrimaha Dibaddu waxay inta badan ku mashquulsanaayen raadinta kaalmo dibadeed, iyo deeq iyo amaah laga helo ganacsatada Soomaaliyeed.

Bangiga Dhexe wuxuu xoogga saaray inuu madaxda Dowladda KMG ku baraarujiyo habka Maamulka Maaliyadda Dowladda (*Public Financial Management*), ilaalinta xiriirka mas'uuliyadeed iyo kala soocnaanta shaqo ee u dhaxaysa xukuumadda iyo Bangiga Dhexe. Maaddaama nidaamkaas wax badan laga beddelay muddadii dowladdii milateriga, waxaa adkayd in madaxda dowladda KMG, oo lagu dhisay nidaam dimuqraaddi ah, laga dhaadhiciyo kaalinta Bangiga Dhexe ee leh saddexdan weji: (i) kaalinta Maamulka Maaliyadda Dowladda (*Public Financial Management*); (ii) kaalinta Ilaalinta Hay'adaha Lacagta (*Financial Institutions*); (iii) kaalinta ilaalinta sarrifka, la dagaallanka sicirbararka oo ka imaan kara xakameynta deynta iyo adeegsiga heerka dulsaarka, ayadoo la tixgelinayo xaaladda uu ku suganyahay dhaqaalaha dalka. Waxaa kaloo uu Bangiga Dhexe u xilsaaranyahay daabacaadda lacagta. Baahida lacag daabacidda waxaa lagu jaangooyaa dhaqaalaha ka imaanaya waxsoosaarka dalka, si aan loo abuurin sicirbarar.

Ma jirin dakhli dowladdii qaranka ee KMG ku aamintay Bangiga Dhexe, marka laga reebo saddex maalmood oo loo keenay canshuur laga soo qaaday Suuqa Bakaaraha, taasoo markii dambe uu qabashadeeda diiday Bangigu, sababtoo ah lacagta galabtii la keenayo, subaxa xigana laga qaadanayay ma dhirrigelineyn shaqada Bangiga Dhexe. Sidoo kale, ma jirin miisaaniyad loo qoondeeyay howlgelinta Bangiga Dhexe.

Tallaabooyinkii Bangiga Dhexe qaaday waxaa ugu muhiimsanaa kuwa soo socda:

1. In xarun loo helo Bangiga Dhexe, islamarkaana la howlgeliyo qaar ka mid ah shaqaalihii hore ee Bangiga Dhexe iyo Bangigii Ganacsiga iyo Kaydka Soomaaliyeed si tabarruc ah.

2. In Bangiyada Dhexe ee Caalamka, gaar ahaan Hay'adda Lacagta Adduunka lagu wargeliyo dib-u-yagleelidda Bangigi Dhexe ee Soomaaliya, isla markaana loo gudbiyo magaca Guddoomiyaha Bangiga iyo xiriirkiisa.

3. In la diyaariyo daraasad ku saabsan nidaamka khasnadda dowladda (*Treasury manuals*) si madaxda sare ee dowladda loogu sharraxo shaqada khasnadda dowladda oo ku salaysan mas'uuliyadda iyo wadashaqaynta u dhaxaysa xukuumadda iyo Bangiga Dhexe oo ka mid ah hay'adaha Dastuuriga ah. Waxaa muhiim ah kala saaridda mas'uuliyadda shaqaalaha Bangiga Dhexe ka saaran ilaalinta hantida qaranka iyo mas'uuliyadda saaran shaqaalaha Wasaaradda Maaliyadda iyo hay'adaha kale ee dowladda.

4. In Bangiga Dhexe uu ka qaybgalo shirarka hay'adaha maaliyadda caalamiga ah ee muhiimka u ah Soomaaliya, si loo soo nooleeyo xiriirka iyo wadashaqeynta hay'adahaas. Howshaas waxay lahayd muhiimad weyn waqtigaas, maaddaama Dowladdii Soomaaliyeed ay muddo 10 sano ah ka maqnayd saaxadda caalamka.

5. Si dareenka dadweynaha loogu xoojiyo waxtarka aqoonsiga iyo waxtarka dowladnimada, islamarkaana loola dagaallamo musuqmaasuqa, Bangiga Dhexe wuxuu sarriflayaasha Gobolka Banaadir ku wargeliyay hirgelinta xaraash lacagta qalaad (*foreign*

currency auction) ee loogu talagalay mushaarka ciidamada iyo shaqaalaha dowladda. Sarrifle kasta waxaa loo soo bandhigay inuu soo codsan karo lacag qalaad/adag oo aan ka badneyn 10,000 doolar, kana yarayn 5,000, islamarkaana ay soo qortaan heerka sarrifka ay ku doonayaan. Ka dib Bangiga wuxuu diyaariyay liis uu ugu horreeyo sarriflaha heerka sarrifka ugu sarreeyo ilaa sarriflaha ay ku dhammaato lacagta qalaad ee la hayo. Ka dib, Bangiga Dhexe wuxuu samaynayay heer sarrif dhexdhexaad ah (*average exchange rate*), kaasoo sarrifle kasta lagu siinayay lacagta uu soo codsaday. Dhammaan sarriflayaasha waxay ka soo qaybgalayeen soo bandhigga natiijada xaraash kasta. Hirgelinta xaraashka lacagta qalaad waxay daaha ka qaaday yididiilada dowladnimo ee ka qaybgalayaasha xaraashka ka muuqatay. Waxaa kaloo jiray shakhsiyaad badan oo musuqmaasuq wax ku raadinayay.

6. Inkastoo xaaladda dalku ay aad u murugsanayd, Bangiga Dhexe wuxuu ku dadaalay inuu ku ekaado xilkiisa, islamarkaana diido inuu Wasiirka Wasaaradda Maaliyadda wax la saxiixo, taasoo keentay in Ra'iisulwasaarihii Xukuumadda KMG uu Baarlamaanka hortiisa jebkiisa ka soo bixiyo jeeg si uu isaga difaaco eed lunsasho lacag oo dowladdiisa looga soo jeediyay Baarlamaanka, asagoo muujinaya in lacagta jeegga ku qoran aan weli la qaadin, lana lunsan. Haseyeeshe xubnihii Baarlamaanka waxay ku eedeeyeen Ra'iisulwasaaraha inuu jeegga u hayay si nidaamka baalmarsan, maaddaama Wasiirka Maaliyadda uu u xilsaaranyahay maamulka lacagta dowladda. Sabata jeeggaasi uu ku badbaaday oo lacagta loola bixi waayay waxay ahayd Guddoomiyaha Bangiga oo ku adkaystay raacidda habka maamulka maaliyadda.

Shaqooyinkii dhaqaale ee ay Dowladdii KMG qabatay waxaa ka mid ahaa fududaynta xiriirka ganacsiga Soomaaliya iyo dowladaha Khaliijka, gaar ahaan qaadidda xannibaaddii la saaray dhoofintii xoolaha ee Sacuudiga, lashaqeynta hay'adaha Qarammada Midoobay, oo ay deeqbixiyayaashu u wakiisheen maamulka deeqaha gargaarka bani'aadannimo ee looga jawaabayo dhibaatooyinka ka dhashay fatahaadaha, abaaraha iyo dabeylaha, cudurrada dadka iyo xoolaha, iyo sookabashada Soomaaliya (*Humanitarian and Recovery Program*), kaasoo sannad walba loogu deeqi jiray lacag gaaraysa 174-236 malyan sannadihii 2003-2005[41]. Intaa waxaa dheer, deeqaha waxbarasho iyo xallinta dhibaatooyin muwaadiniin Soomaaliyeed ku haystay dalal kala duwan.

1.4.6.2 | DHALASHADII DOWLADDII FEDERAALKA KMG 2004 - 2012

Sannadkii 2004 waxaa dalka *Kenya* lagu dhisay dowlad federaal ah oo KMG, taasoo lagu ansixiyay Axdi Federaal KMG oo muddo afar sano ah loo xilsaaray hirgelinta dowlad rasmi ah. Xagga dhaqaalaha, waxaa la billaabay in la diyaariyo sharci Bangiga Dhexe lagu dhisayo. Haseyeeshee, dowladdaas saldhig kama ay dhigan Magaalamadaxda Muqdisho iyadoo sabab uga dhigtay amnidarro.

Dowladdii Federaalka KMG ee *Kenya* lagu soo dhisay waxay go'aansatay daabacaadda 1,000 Shilin; haseyeeshee waxaa hor istaagay Guddoomiyihii Bangiga Dhexe[42], taasoo keentay in Guddoomiyaha Bangiga xilka laga qaado. Sidoo kale, dowladdii Jabuuti lagu dhisay ee u hoggaaminyay Sheekh Shariif Sheekh Axmed waxay dalka Suudaan ka codsaday daabacadda lacag cusub; haseyeeshe waxaa la hor istaagay keenidda lacagtaas; waxaana la sheegay in dhowaan lacagtaas lagu bililiqaystay dagaalkii Suudaan.

Waxaa xusid mudan in laga soo billaabo 1991 ilaa maanta ay adagtahay in la helo wax lagu sifeeyo dhaqaalaha Soomaaliya - xagga sharciga iyo nidaamka dhaqaale uu raacsanyahay sida: dhaqaalaha rasmiga ah (*formal economy*), oo ah midka ay dowladda si buuxda ula socoto, sharciga u hoggaansan, canshuurta bixinaya, lala socdo koritaankiisa (*expansion/ growth*), hoosudhiciisa (*depression/decline*), iyo taagnaantiisa (*stagnation*). Dhaqaaluhu wuxuu leeyahay isbeddel xilliyeed (*cyclical fluctuation*), kaasoo sababo kala duwan ka dhalan kara, ama inuu yahay dhaqaale aan rasmi

---

41. Capobianco and Nadu, 2008.
42 Xilligaasi waxaa Guddoomiyaha Bangiga Dhexe ahaa Dr Culusow oo Dowladda KMG Federaalka ay dib u magacawday

aheyn (*informal economy*), oo ah dhaqaalaha suuqa madow, kaasoo aysan dowladdu la socon, ilaalin, canshuurna ka qaadin.

1.4.7 | TAARIIKHDA IYO HORUMARKA BANGIYADA SOOMAALIYA

Sidii hore loo sheegay, bangiyada waxay udubdhexaad u yihiin dibudhiska dhaqaalaha dal kasta, waxayna ku jiraan kaalinta hirgelinta siyaasadda lacagta (*Monetary Policy*). Bangiga Dhexe ayaa ka mas'uul ah hoggaaminta siyaasadda lacagta Jamhuuriyadda Soomaaliya.

Taariikhda Bangiyada Soomaaliyeed waxaa loo qaybin karaa 7 marxalood oo kala ah sida soo socota: (i) xilligii gumaysiga; (ii) xilligii dowlad gaarsiinta ama wasaayada (1950 iyo 1960); (iii) xilligii dowladaha rayidka (1960 – 1969); (iv) xilligii dowladda milateriga (1969 – 1991); (v) muddaddii burburka (1991 - 2000); (vi) xilligii dibudhiska dowladnimada, oo ay hoggaaminayeen dowladihii KMG (2000- 2012); iyo (vii) muddada ka billaabata 1dii Agoosto 2012, oo ah markii ay Soomaaliya noqotay dowlad rasmi ah oo ay beesha caalamku aqoonsantahay, loona fududeeyay dibubillaabidda xiriirka Soomaaliya iyo hay'adaha Maaliyadda adduunka sida: Hay'adda Lacagta Adduunka (*International Monetary Fund*) iyo Bangiga Adduunka (*World Bank*).

Sannadkii 1920 ayaa Bangiga Talyaaniga (*Banca d'Italia*) wuxuu laan ka furtay Soomaaliya, si loo taageero beeraleydii iyo maalgashadayaashii Talyaaniga ee Soomaaliya yimid. Waxaa ku xigay labo bangi oo kale oo Talyaani ahaa, kuwaasoo la kala yiraahdo "*Banco di Napoli* (1937) iyo *Banco di Roma* (1958)".

Markii dhulka Soomaaliyeed (Koofurtii Soomaaliya) uu galay marxaladdii dowlad gaarsiinta ama wasaayadii Talyaaniga 1950, koofurta, waxaa la dhisay Bangiga Amaahda Soomaaliya (*Somali Credit Bank*) (1957) si loo taageero ganacsatada yaryar iyo dhismayaasha. Maamulkii Talyaniga wuxuu aasaasay sanduuq lagu magacaabo *Cassa per la Circolazione Monetaria della Somalia,* kaasoo qaabilsanaa hirgelinta isticmaalka shilin Soomaaliga iyo sarrifka lacagaha qalaad (*foreign exchange operations*), kaasoo matalaya doorka Bangiga Dhexe. Sanduuqa wuxuu hormuud u ahaa aasaaska Nidaamka Siyaasadda Lacagta (*Monetary Policy Institution*).

Dhammaan Bangiyada Talyaaniga waxay ka furnaayeen Koofurta Soomaaliya, gaar ahaan magaalooyinka: Muqdisho, Marka iyo Kismaayo. Dhinaca Woqooyiga Soomaaliya oo uu Ingiriisku xukumayay, waxaa ka furnaa Bangiga lagu magacaabo *"National and Grindlays Bank"* (*ex National Bank of India*), kaasoo ka furnaa Magaalooyinka Hargeysa iyo Berbera. Bangigaas wuxuu, 1960 markii xorriyadda la qaatay, ayna midoobeen labadii gobol ka dib, laan ka furtay Magaalada Muqdisho.

Markii Soomaaliya qaadatay xorriyada 1da Luulyo 1960, waxaa la dhisay Bangiga Qaranka ee Soomaliya (*National Bank of Somalia*) oo ka dib loo bixiyay "Bangiga Dhexe ee Soomaliya" (*Central Bank of Somalia*). Waxaa kaloo la dhisay Bangiga Horumarinta Soomaaliya (*Somali Development Bank*), oo ujeedadiisu ahayd taageeridda iyo maalgelinta mashaariicda horumarinta ee gaarka loo leeyahay.

Dowladdii milateriga ee xukunka dalka la wareegtay 21 Oktoobar 1969, waxay qaramaysay dhammaan bangiyadii iyo shirkadihii shisheeyaha, ayadoo mamnuucday lahaanshaha gaarka ah ee ilaha dhaqaalaha dalka. Marka laga soo tago Bangiga Dhexe, oo mar kasta ahaa bangi dowladeed, dowladdii milaterigu waxay aasaastay Bangiga Kaydka iyo Amaahda Soomaaliyeed (Somali Saving and Credit Bank), iyo Bangiga Ganacsiga Soomaaliyeed (*Somali Commercial Bank*), kuwaasoo mar dambe la isku daray, loona bixiyay "Bangiga Ganacsiga iyo Kaydka Soomaaliyeed (*Somali Commercial and Saving Bank*)".

Sannadkii 1989, waxaa kacay Bangiga Ganacsiga iyo Kaydka Soomaaliyeed ka dib markii uu khasaaray, waxaana ku xigtay dumitaankii Bangiga Dhexe ee Soomaaliya, taasoo ka dambaysay burburkii dowladda. Muwaadiniin badan ee Soomaaliyeed ayaa dhaqaale baaxad leh uga lumay bangiyadaas dumay, taasoo qayb weyn ka ahayd burburka dhaqaalaha Soomaaliya, iyo saboolnimada ku habsatay dadka Soomaaliyeed ee taagan ilaa maanta.

Muddadii burburka, ma jirin nidaam lacagbixin (*national payment system*) oo ay bangiyadu fulin jireen; haseyeeshee, waxaa dalka ka hirgalay xawaalado (*Money Transfer Businesses*), kuwaasoo aad fududeeyay dhaqdhaqaaqa ganacsi iyo nololmaalmeedka bulshada, ayadoo dadku si dhaqso ah ku helaan lacagaha looga soo diro dibadaha. Waxaa la qiyaasayaa in shirkadaha xawaaladaha ay sannadkiiba gudbiyaan lacag u dhaxaysa 1.5 ilaa 2.0 bilyan oo doolar.

Shirkadaha xawaaladaha waxaa ka mid ah: Al Barakat (waa la xiray), Taaj, Dahabshiil, Mustaqbal, Amal *Express*, Qaran *Express* (way baaba'day), Iftin *Express*, Tawakal *Express*, Dalsan, Towfiq, Kaah *Express*, Hodan *Global*, *Olympic*, Amana *Express*, iyo kuwo kale. Maaddaama uusan jirin Bangi Dhexe oo siiya shirkadahaas sharciyad ay ku howlgalaan, waxaa la abuuray hay'ad lagu magacaabo "Ururka Xawaadaha Soomaaliyeed (*Somali Money Transfer Association* (SOMTA)". Markii dib loo dhisay Bangiga Dhexe ee Soomaaliyeed, dhammaan xawaaladaha waxaa lagu amray inay ruqsad ka qaataan Bangiga, islamarkaana u hoggaansamaan awaamiirta iyo xeerarka uu soo saaro. Waxaa kaloo la abuuray Lacagta Telefoonka (*Mobile Money*), maddaama aan dalku lahayn lacag, dadkuna uu ku ganacsado Doollarka Maraykanka.

Ka dib markii la soo nooleeyay xiriirka u dhexeeya Dowladda Soomaaliya iyo Hay'adda Lacagta Adduunka (IMF), xawaaladaha iyo bangiyada gaarka loo leeyahay ee uu Bangiga Dhexe siiyay ruqsadda ganacsi waxaa la faray inay u hoggaansamaan xeerka ka dhanka ah lacagdhaqidda iyo kahortagga maalgelinta argagixisada (*Anti Money Laudering and Countering Financing for Terrorism*).

Ilaa hadda Bangiyada Gaarka loo Leeyahay ee la siiyay ruqsadda waxay kala yihiin:
1. Salaam *Somali Bank*
2. *International Bank of Somalia (IBS)*
3. *Dahashil Bank International (DBI)*
4. *MyBank*

5. *Premier Bank*
6. *Sombank*
7. Daryeel *Bank*
8. Idman *Community Bank*
9. *Agro Bank*
10. *Amana Bank*
11. *BB Bank*
12. *Galaxy International Bank*
13. Amal *Bank*
14. *Turkish Bank Ziraat*
15. *Egyptian Bank (Banque Misr)*

Hantida bangiyada Soomaaliya ay haysteen 2022 waxay gaaraysay 1.4 bilyan oo doollar, halka ay qaantoodu dhammayd 1.2 bilyan oo doollar. Kaydka dadweynaha oo ka mid ah qaantaas wuxuu ahaa 1 bilyan oo doollar.

Mushkiladaha haysta hay'adaha lacagta Soomaaliyeed, oo isugu jira xawaaladaha, bangiyada iyo lacagta telefoonnada, waxay tahay inuusan jirin xeer si buuxda loogu maamulo kartida, xirfadaha oo hooseeya, xasilloonidarrada dalka oo dhan ka jirta, iyo ilaalinta qaanbaxa (*solvency*) bangiyada, kuwaasoo ay dadka Soomaaliyeed dhigteen lacagahooda. Inkastoo Bangiga Dhexe kor u qaaday kartidiisa howlfulineed, haddana ilaalinta hufnaanta bangiyada, xawaaladaha, iyo hay'adaha kale waxay ku xirantahay hufnaanta iyo kartida hay'adaha dowladda oo dhan. Gaar ahaan, howlaha bangiyada waxaa caqabad weyn ku ah in dalka uusan ka jirin aqoonsi qofeed (*ID Card*) oo saldhig u ah xiriirka bangiyada iyo qofka, si loo sugo qofka marka loo baahdo. Sharciga wuxuu farayaa bangiyada inay yaqaannaan macaamishooda.

1.5. SIYAASADAHA LACAGTA KA DIB BURBURKII DOWLADNIMADA

Bartamihii 1988, markii uu billoway dagaalkii Gobollada Woqooyi ee u dhexeeyay Dowladdii Dhexe iyo Ururkii SNM, waxaa durbadiiba istaagay adeegyadii faracyada bangiyada ee Gobollada Woqooyi. Ugu dambeyntii, markii uu baahay dagaalkii sokeeye, waxaa burburay dhammaan kaabayashii dowladda, oo ay ka mid ahaayeen bangiyadu. Waxaa la bililiqaystay hantidii tiillay bangiyada, taasoo aysan u kala harin ciidankii dowladda iyo maleeshiyaadkii jabhaduhu.

Dabayaaqaddii sideedamaadka, dalka waxaa soo foodsaartay lacagyari, waxaana adkaatay in la soo daabaco lacag cusub, maxaayeelay waxaa la awoodi waayay kharashkii daabacaadda, taasoo ay sabab u ahayd qiimaha lacagtii suuqa wareegaysay waagaas ee ka koobnayd: 5ta, 10ka, 20ka, 50ka, 100ka iyo 500, ayaa ka yaraaday kharashkii daabacaadda. Sidaa darteed, dowladdu waxay 15kii Juun 1990 soo saartay lacagta 1000-ka oo ka qiima badnayd lacagihii suuqa wareegayay; haseyeeshee waxba isma bedelin.

Sannadkii 1992 waxaa dalka la keenay lacag loo aqoon jiray "N"da, oo ay tiradeedu gaaraysay 90 bilyan, taasoo uu keenay Madaxweyne Cali Mahdi Maxamed. Lacagtaasi waxay ka koobnayd: N20, oo u dhiganta 2000 Sh. So.; iyo N50, oo u dhiganta 5000 Sh. So. Balse lacagtaasi ma ahayn mid loo soo daabacay USC garabka Cali Mahdi; waxay ahayd lacag ay daabacaaddeeda codsatay Dowladdii Soomaaliya ee 1990. Inkastoo lacagta N-da aysan faafin, oo aysan dhaafin Magaalada Muqadisho, siiba degaannadii uu maamulayay Mudane Cali Mahdi, haddana waxay saamaysay qiimihii sarrifka Shilinka.

Wixii xilligaa ka dambeeyay waxaa dalka la soo geliyay lacago been-abuur ah, ayadoo ganacsato ka faa'iidaysanaysay dowlad la'aantii jirtay ay billaabeen inay macaash ka raadiyaan daabacaadda Shilin Soomaaliga been-abuurka ah.

Laga soo billaabo 1990, sooyaalka lacagihii la soo daabacay ee ka mid noqdoy lacagtii suuqa wareegaysay wuxuu ahaa sida tan:

1. Bangiga Dhexe ee Soomaaliya wuxuu soo daabacay lacag gaaraysa 186.8 bilyan Sh. So. 30 /11/1990.

2. Dowladdii KMG ee Cali Mahdi waxay soo daabacday lacag dhan 46.0 Bilyan shillin sannadkii 1991.

3. Dowlada KMG Cali Mahdi waxay dalka keentay lacagta N-da oo gaaraysa 90.0 Bilyan Sh. So 1992, taasoo hore u daabacnayd.

4. Dowladdii Salballaar waxay soo daabacday 35.0 Bilyan Sh. So. sannadkii 1997.

5. Dad ganacsato ah waxay soo daabaceen 35.0 Bilyan Sh. So. 10/04/1999.

6. Dad ganacsato ah waxay soo daabaceen 9.00 Bilyan Sh. So. 16/10/1999.

7. Dad ganacsato ah waxay soo daabaceen 20.0 Bilyan Sh. So. 17/08/2000.

8. Dad ganacsato ah waxay soo daabaceen 60.0 bilyan 14/02/2001, lacagtaas waxaa la wareegtay Xukumadii Carta lagu soo dhisay ee Cabdi-Qaasim iyo Cali Khaliif Galayr.

Heerkii sarifka lacagaha qalaad 1991 – 2003

Sannadka	Sarrifka suuqa furan US$ / Sh. So.
1991 – 1992	So. Shs. 4.850
1993 – 1995	So. Shs. 6.300
1996 – 1998	So. Shs. 8.400
1999	So. Shs. 10.200
2000	So. Shs. 12.400
2001	So. Shs. 17.000
2002	So. Shs. 19.400
2003	So. Shs. 18.900

Isha: Taariikhda Bangiyada Soomaaliyeed: Maxamed Xuseen Amiin

Lacagahaan been-abuurka ah, oo aan si sharci ah ku soo gelin dalka, waxay dhaliyeen sicirbarar weyn, kaasoo samaynayay koror joogta ah sannad walba. Waxaa cirka isku shareeray qiimihii nolosha, taasoo saamaysay danyartii ku tiirsanayd mushaar xaddidan.

Jadwalka kore waxaa ka muuqata in sicirka sarrifka uu kor u kacaayay mar kasta oo lacag la soo daabaco, maxaayeelay waxaa lacagtaas lagu beddelanayaa Doollarka Maraykanka. Maddaama lacagta Doollarka ee suuqa wareegaysa ay aad uga yartahay lacagta cusub ee la soo daabacay waxaa sare u kacaya qiimaha halkii US$. Ilaa sannadkii 1998, sicirka sarrifka wuxuu sare u kacaayay labadii sannaba mar, laakiin laga soo billaabo 1999 ilaa 2003 sannad walba ayuu sicirka sarrifku samaynayay korukac.

1.6. XAWAALADAHA IYO BANGIYADA GAARKA LOO LEEYAHAY

"Xawaalad" waa lacag laga soo diro waddan, loona diro waddan kale. Nidaamka xawaaladaha, oo ka jiri jiray dalka, wuxuu aad u xoogaystay billowgii todobaatameeyada. Soomaali badan ayaa dalalka khaliijka, gaar ahaan Sacuudiga u shaqo tagtay dabayaaqadii lixdamaadka. Dadkaasi waxay ehelladooda u soo diri jireen masaariif. Halkaas ayay ka abuurmeen ganacsato dadka dibadaha ka shaqaysta ee doonaya inay gudaha lacag u soo diraan ka ururiya lacagta, dabadeedna soo geliya badeecooyin, kuwaasoo ay gudaha dalka u soo diri jireen. Markii ay badeecadahaas iibiyaan ka dib ayay ganacsatadaasi lacagtooda siin jireen dadkii loo soo diray. Xawaaladahani ma lahayn xafiisyo, umana qaabaysnayn hannaan shirkadeed.

Markii uu dagaalka sokeeye ka dhacay dalka 1991, qiyaastii 25% dadkii degganaa magaalooyinka waxay u qaxeen dibadaha, gaar ahaan dalalka: Maraykanka, Canada, Australia, waddamada khaliijka, Bariga iyo Koofurta Afrika.

Maddaama ay burbureen dhammaan kaabayaashii dhaqaalaha, ayna joogsadeen shaqooyinkii dowladda, waxaa khasab ku noqotay dadkii dibadaha u qaxay inay xubnihii qoysaskooda ee baaqiga ku ahaa dalka gudihiisa u soo diraan lacag ay ku deberaan noloshooda. Taasi waxay xoojisay baahidii loo qabay xawaaladaha, waxayna keentay inay abuurmaan shirkado xawaaladeed.

Haseyeeshee, xawaaladuhu waxay u baahnaayeen warisgaarsiin, si ay shaqadooda u gutaan, taasina waxay lagama maarmaan ka dhigtay in la helo isgaarsiin casri ah. Shirkadaha Isgaarsiinta iyo xawaaladaha ee ka hanaqaaday dalka waxay shaqooyin u abuureen qaar ka mid ah dadkii aqoonta lahaa ee aysan u suuragelin inay dibadda u qaxaan, waxayna noqdeen looshaqeeyayaasha muhiimka ah ee jira, marka lagu daro hay'daha gargaarka ee caalamiga ah iyo kuwa Qaramada Midoobay.

Shirkadaha xawaaladaha waxay soo geliyaan dalka lacago aad u farabadan, kuwaasoo dhaqaajiya cajaladda dhaqaalaha dalka. Dhanaca kale, shirkadaha isgaarsiinta waxay noqdeen kaabaha howlaha xawilaadda, maxaayeelay waxay sameeyeen taleefanno raqiis ah oo xiriirka dadka Soomaaliyeed gudaha iyo dibadda u sahlay, xawaaladdana u noqday cinwaankii ay ku gaari lahaayeen dadka lacagaha loo soo diray.

Lacagahaas ka yimaada xawaaladaha waxay noqdeen lacagaha suuqa wareegaya oo ganacsiga la isku dhaafsado, ayadoo uusan jirin Bangi Dhexe oo kormeeraya wareeggooda, islamarkaana ilaaliya sicirbararka, kaasoo dhasha marka lacagta suuqa wareegaysa, iyo badeecadaha iyo adeegyada suuqa yaalla ay kala bataan.

1.6.1.	FADEEXADDII SUUQA SARRIFKA LACAGTA QALAAD EE SOOMAALIYA

Forex ama FX waa erey la soo gaabiyay oo u taagan (*Foreign Exchange or Currency Exchange*) oo macnaheedu yahay "Sarrifka Lacagta Qalaad", taasoo ah iskubeddelka labo lacagood baahi ganacsi, dalxiis, macaash, ama maalgashi darteed. Suuqa Sarrifka waa suuqa ugu ballaaran ee suuqyada adduunka, waana suuq furan (*Over-the-Counter* (OTC)) oo aan laheyn bar dhexe oo laga ilaaliyo, sida suuqa Wax Kala Beddelashada (*Exchange Market*) iyo Suuqa Saamiga (*Stock Exchange*), kuwaasoo leh xarun dhexe.

Suuqa Sarrifka wuxuu ka koobanyahay suuqyo uu isku xiro *internet*-ku, kuwaasoo shaqeeya maalin iyo habeen (24 saac). Hay'adaha ama qaybaha (*structure*) Suuqa Sarrifka Lacagaha Qalaad (*Foreign Exchange Markets*) uu ka koobanyahay waa: bangiyada ganacsiga, ganacstada lacagaha sarrifka, shirkadaha ganacsiga, bangiyada dhexe, hay'adaha maamula maalgelinta, suuqleyda sarrifka, maalgashadayaasha iyo shirkadaha qamaarka *(speculators and hedge funds)*. Shaqada Suuqa Sarrifka waa jaangoynta heerka sarrifka (*price*) lacagaha adduunka (*Exchange Rate determination*), kaasoo ku salaysan inta lacagta dal lagu iibsan karo lacagta dal kale, taasoo macnaheedu yahay: inta ay qiimaha lacagta dal "X" u dhiganto marka la eego lacagta dal "Y", tusaale ahaan, US$/£ ama €/¥. Lacagta hore waa saldhigga lacagta kale, waana qiimaha joogtada ah.

Suuqa Sarrifka Lacagaha waa kan adduunka ugu qadiimsan, waxaana la isku dhaafsadaa lacago aad u badan. Lacagaha lagu kala sarrifay suuqyada sarrifka adduunka sannadkii 2022 waxaa lagu qiyaasay $7.5 *trillion*. Maaddaama Soomaaliya ay hadda isticmaasho lacagta Doollarka, oo aysan jirin inta badan Lacag Soomaali shaqaynaysa, dalka kama jirto baahi sarrif lacagaha qalaad (*FOREX*).

Sarrifka lacagaha adduunka wuxuu kala noqon karaa: sarrif sabbaynaya (*free float*), kaasoo ku xiran suuqa xorta ah, oo ku salaysan dalabka iyo haynta (*demand and supply market*); ama sarrif go'an (*fixed float*), taasoo hay'ad dowladeed, sida bangiga dhexe, ay goynayso heerka sarrifka, oo ah qiimaha lacagta dalka marka la eego lacagaha qaalad.

Lacagaha sarrifkooda uu aad u sahlanyahay, oo islamarkiiba la heli karo intii la rabo (*liquidity*) waxaa ka mid ah iskubeddelka lacagaha EURO/USD; USD/JPY; GBP/USD.

Waxyaabaha u gaarka ah Suuqa Sarrifka waxaa ka mid ah in qofka ka qaybgelaya uu marka hore dhigan karo lacag yar; haseyeeshee uu ku ganacsan karo toban-u-jibbaar lacagta uu dhigtay. Lacagta dheeriga ah waxay ka imaanaysaa dullaalka (*Broker*) u dhexeeya ka qaybgalaha suuqa (*Investor*) iyo Iibiyaha Suuqa.

Noocyada suuqa sarrifka waxay u kala baxaan saddex: Suuq Kalabax ah (*the Spot Forex Market*); Suuq Muddaysan, kaasoo iibsadaha (*buyer*) iyo gadaha (*seller*) ay ku heshiinayaan si iskood ah qiimaha lacagta ay isku beddellanayaan taariikh lagu heshiiyay (*the Forward Exchange Market*); iyo Suuqa Mustaqbalka oo la mid ah Suuqa Muddaysan, balse ay waajib tahay in la shaaciyo heshiiska, kaasoo lagu kala baxayo (*settlement*) Suuqa Wax-kala-beddelashada (*future exchange*), kaasoo leh maamul dhexe. Sidii aan hore u soo sheegnay, suuqa sarrifka ma laha hay'ad ilaalisa, waana suuq furan. Xarumaha Shirkadaha suuqa sarrifka ka shaqeeya waxay ku yaalliin dalalka aan sida adag loo koontaroolin, waxayna ku dadaalaan inay ka fogaadaan dalalka Mareykanka, Ingiriiska, iyo *Europe* oo leh koontarool adag. Shirkadahaas waxay ku soo badanayaan dalalka Afrika iyo Aasiya.

Dalalka uu mamnuuca ka yahay suuqa sarrifka waxaa ka mid ah:

Pakistan, Israel, Belgium, Malaysia, France iyo *Bosnia Herzegovina*. Dalalka la oggolyahay suuqa sarrifka lacagaha, haseyeeshee aad u ilaalinaya waxay u aqoonsanyihiin inuu yahay qamaar (*gambling*). Dalalkaas waxaa ka mid ah dalka Mareykanka, Ingiriiska, *Japan, Canada*, iyo kuwo kale. Dalalka oggol suuqa lacagta ee ilaalintooda ay aad u liidato waxaa ka mid ah *Switzerland, South Africa, Hong Kong, Singapore, Dubai, India, Russia, New Zealand*.

Dalalka Suuqa Sarrifka Lacagaha uu sharci ka yahay, islamarkaana leh xeer adag waxaa ka mid ah: Mareykanka, Ingiriska, Talyaaniga, *Sweden, Denmark, Norway*, Jarmalka, iyo kuwo kale oo badan.

Soomaaliya marka la eego, waqtigii dowladda milateriga ee la tuuray Jannaayo 1991 ma jirin suuq xor ah ee Sarrifka Lacagaha Qalaad, kaasoo ay dadweynuhu wax ku kala gadan kareen, kuna tartami kareen, sababtoo ah ilaha dhaqaalaha oo dhami waxay ku jireen gacanta dowladda, oo Bangiga Dhexe oo kaliya ayaa awood u lahaa sarrifka lacagaha qalaad. Ganacsatada wax dhoofisa ayaa loo oggolaa inay lacag qalaad u beddeshaan qayb ka mid dakhliga dhoofinta (*Export revenue*), taasoo ay u isticmaalayaan xoojinta waxdhoofinta.

Dastuurka KMG ee Jamhuuriyadda Federaalka Soomaaliya lagu dhisay Agoosto 2012 wuxuu farayaa in qof kasta xaq u leeyahay inuu si xor ah u doorto xirfadda, shaqada iyo mihnadda uu rabo. Sidaa darteed, maaddaama uusan jirin sharci xaarantinimaynaya ka ganacsiga lacagta, dhallinyaro Soomaaliyeed oo teknoolojiyada aqoon u lahayd ayaa shirkado sarrifka lacagta ka abaabulay Magaalada Muqdisho, shirkadahaasoo ay kala lahaayeen 1 ilaa 7 qof oo kali ah.

Daraasad ay Xarunta Aaran ka samaysay soo banbaxa Suuqa Ganacsiga Lacagaha ee Soomaaliya (*The Emergency of Forex Trading in Somalia, October* 2020), waxay ku sharraxday soo banbaxa iyo fashilka degdegga ah ee shirkadahaas, kuwaasoo Soomaali badan sabool ka dhigay.

Tirada Shirkadaha ganacsiga lacagaha ee Soomaaliya ka soo banbaxay sannadihii 2017 - 2019 oo dad badan ka qaaday lacag lagu qiyaasay 100 malyan oo doolar, ayagoo u ballanqaadaya inay macaash aad u fiican, oo lagu qiyaasay 30% ilaa 70% ay ka helayaan maalgelintooda waxay ahaayeen

93. Nasiibdarro, shirkadahaasoo ay mas'uul ka ahaayeen dhallinyaro badan waxay suuqa ka baxeen 2019/2020.

Sida ay muujinayso cilmibaarista ay samaysay Xarunta Aaran 2020, Shirkadahaas, oo ahaa hay'ado maaliyadeed, wax ruqsad ah kama haysan Bangiga Dhexe, haseyeeshee waxay haysteen ruqsado ay bixiyeen Wasaaradda Ganacsiga iyo Warshadaha, iyo Dowladda Hoose ee Muqdisho. Waxaa kaloo dalka *Kenya* ka shaqaynayay hay'ad sarrifka lacagta ee lagu magacaabo "Maalin *Group of Companies*" oo uu madax ka ahaa Cabdalle Maxamed Cali, kaasoo muddo toddoba sano gudahood ah lunsaday lacag gaaraysa $60 malyan, oo laga qaaday maalgashadayaal Soomaali ah oo u badan siyaasiyiin iyo saraakiil dowladeed. Mar kali ah ayaa la waayay maamulihii shirkadda, islamarkaana xisaabaadkii bangiyada ee shirkadda waxaa laga helay 6,000.00 oo doolar. Shirkaddu waxay lahayd 13 koonto, kuwaasoo 10 ka mid ah ay maamulayeen shaqaaluhu, halka 3da kale uu si toos ah u maamulayay Cabdalle. Qaar ka mid ah koontooyinku waxay ka furnaayeen dalka Turkiga. Lacag kasta oo ku soo dhacda koontooyinka waxaa islamarkiiba loo wareejinayay 3da koonto ee uu tooska u maamulayay Cabdalle.

Waxaa kaloo ay daraasadda Aaran (2020) muujinaysaa in kiiska Maxamed Cawaale oo lahaa shirkadda la yiraahdo *Future Trade*, macaamiisheeda ahaayeen 3,697 maalgashade, kuwaasoo uu ka qaatay lacag dhan $4,496,327. Maxamed Cawaale waxaa lagu xiray Magaalada Muqdisho, waxaana lagu sii daayay dammaanadda xildhibaankiisa, ka dibna wuxuu u baxsaday *Somaliland*. Wuxuu ku dooday inuu yahay dambilaawe naftiisa la baxsaday, dadkiina uusan siin karin wax lacag ah.

Inkastoo Bangiga Dhexe u xilsaaranyahay bixinta ruqsadaha iyo ilaalinta Suuqa Sarrifka Lacagaha, haddana ilaa hadda Bangigu ma laha awood iyo karti uu ku ilaaliyo shirkadaha sarrifka si aysan u dhicin ama u musuqmaasuqin hantida maalagashadayaasha Soomaaliyeed. Intaa waxaa dheer, ma jiro sharci ama xeer lagu ciqaabo shirkadaha sarrifka lacagta ee ku kaca sharcidarro iyo dhaca xoolaha dadweynaha.

Warraysi laga qaaday maalgashadayaasha qaarkood wuxuu muujiyay in 70% maalgashadayaashu aysan rajo ka qabin inay helaan lacagtoodii. 21 %

ayaa sheegay inay rajo ka qabaan inay wax uun helaan. 79% waxay sheegeen in shirkadihii ay maalgashadeen aysan jirin oo ay baxsadeen.

Daraasaddu waxay daaha ka rogtay in shirkadaha, oo dad badan sabool ka dhigay, ay intooda badan ahaayeen tuug. 44% dadka ay saamaysay dhibaatadaasi waxay sheegeen in lacagtii ay u isticmaaleen maalgelinta ay ahayd kaydkoodii; 35% waxay sheegeen inay maalgelintu ahayd lacag ay soo deynsadeen; 21% kalena waxay sheegeen inay gadeen hanti ay lahaayeen, si ay u maalgashadaan shirkadaha sarrifka lacagta. Marka la isku daro, 90% lacagtii maalgashadayaashaas waxay noqotay mid luntay.

1.7.	XAALADDA DHAQAALE EE MAANTA

Markii la dhisay dowladda rasmiga bishii Agoosto 2012, islamarkaana beesha caalamka taageertay, hay'adaha u xilsaaran dhaqaalaha adduunka, sida Hay'adda Lacagta Adduunka (*International Monetary Fund*), Bangiga Addunka (*World Bank*), iyo Bangiga Horumarinta Afrika *(Africa Development Bank)* waxay billaabeen inay dowladda cusub kala shaqeeyaan dibudhiska dhaqaalaha Soomaaliya. Haseyeeshee, ilaa maanta lama xaqiijin in dhaqaalaha Soomaaliya noqdo mid rasmi ah oo si fiican loola socdo.

Hay'adda Lacagta Adduunka (IMF), Bangiga Adduunka iyo Bangiga Horumarinta Afrika waxay Dowladda Federaalka Soomaaliya ku taageereen in xubinnimada Soomaaliya ee saddexdaas hay'adood dib loo soo nooleeyo, lana billaabo hirgelinta qodobka IV (*Article IV Consultations*) ee Xeerka IMF, kaasoo Dolwadda Soomaaliya ay ku oggolaanayso in beesha caalamka baarayso/hubinayso dhaqaaleheeda iyo siyaasadaheeda maaliyadeed, kana fogaanayso adeegsiga tartan aan xalaal ahayn.

Si loo dhiso sooyal maamul ee dhaqaalaha Soomaliya (*track record of Somalia's macroeconomic management*), Dowladda Federaalku waxay oggolaatay hirgelinta barnaamijka loo yaqaan "Korjoogtaynta Shaqaalaha Hay'adda Lacagta Adduunka (*IMF Staff-Monitored Program*)" muddada u dhexeyasa 2016-2020, heshiiskaas oo Shaqaalaha Hay'adda Lacagta Adduunka (IMF) ku ilaalinayaan inay dowladda federaalka Soomaaliya ku soo dhacdo dariiqa "ku dhaqanka nidaamka dhaqaalaha dowladnimo" sida: canshuur-ururin, samaynta miisaaniyadda, habka kharashbixinta, diiwaangelinta dakhliga iyo kharashka, isudheellitirka miisaaniyadda amaah ama deyn la'aan, iskujaangoynta awoodda Maaliyadda iyo kharashyada mudnaanta leh, sida mushaarka shaqaalaha iyo ciidamada, iyo diyaarinta iyo ansixinta sharciyada hagaya dhaqaalaha iyo maaliyadda dalka. Ka dib qiimayntii afar heshiis oo la xiriiray "Korjoogtaynta Shaqaalaha Hay'adda Lacagta Adduunka (*IMF Staff Monitored Program*)", kuwaasoo mid walba lagu qiimeynayay kartida fulinta dowladda marka la eego shuruudihii lagu xirayay, waxaa Soomaaliya iyo Hay'adda Lacagta Adduunka (IMF) ku heshiiyeen barnaamijka "Deyncafinta" ee loo sameeyo dalalka Saboolka ee Deymaha la kici la" (*Debt Relief Initiative – Heavily Indebted Poor Countries* (HIPC), kaasoo Soomaaliya looga cafinayo inta badan deynta lagu leeyahay oo lagu sheegay $5.2 bilyan. Waxaa la rajeynayaa in, marka la cafiyo deynta inteeda badan dhammaadka 2023, deynta Soomaaliya laga rabo inay bixiso sannadaha soo socda ay noqon doonto ilaa $560 malyan.

Barnaamijka deyncafinta, oo soconaya 3 sano (2020-2023), waxaa ku lifaaqan hirgelinta Istratiijiyadda Yaraynta Heerka Saboolnimada Soomaaliya (Poverty Reduction Strategy), oo lagu qiyaasay 73%, iyo sii wadidda maamul wanaagga dhaqaalaha iyo maaliyadda dalka.

Bangiga Adduunka (WB) iyo Bangiga Horumarinta Afrika (AfDB) waxay Soomaaliya ka taageerayaan hirgelinta Istratiijiyadda Yaraynta Saboolnimada, waxayna billaabeen maalgelinta mashaariic lagu taageerayo xoojinta tayada waxqabadka hay'adaha dhaqaalaha iyo adeegga bulshada, sida: waxbarashada, biyaha, caafimaadka, amniga gudaha, xoojinta dhaqaalaha gaarka ah (*private sector*), dhiirrigelinta Hay'adaha Maaliyadda (Financial Institutuions), barnaamjiyada la dagaallanka musuqmaasuqa, xoojinta xilgudashada hantidhowraha guud, hagaajinta maamulka garsoorka iyo xabsiyada, iyo barnaamijiyada ilaalinta xuquuqda muwaadiniinta, xoojinta kartida shaqaalaha, iyo kafaa'idaysiga kheyraadka shidaalka, badda, xoolaha iyo beeraha.

Bangiga Adduunka (WB) iyo Bangiga Horumarinta Afrika (AfDB)

waxay soo saaraan qoraallo ay uga hadlayaan xaaladda dhaqaalaha Soomaaliya, iyo isbeddellada ka dhashay taageerada caalamka. Qorralladaas waxaa ku cad in xaaladda saboolnimo ee Soomaaliya ee 2022 ilaa 2024 lagu qiyaaso inay tahay 73%, ayadoo koritaanka dhaqaalaha 2022 lagu qiyaasay 1.7%; waxaana la rajeynayaa in koritaanka dhaqaalaha uu gaaro 3.7% sannadka 2024 [43].

Shuruudaha lagu xiray yoolkaas waxaa ka mid ah midaynta maamulka dekedaha iyo canshuuraha gudaha, kaasoo looga gol leeyahay kordhinta dakhliga dowladda, taasoo macnaheedu yahay in la gaaro dowlad federaal ah oo isku xiran, iyo in la helo maalgelin xoog leh oo ka timaadda gudaha iyo dibadda, si shaqa la'aanta iyo saboolnimada loo yareeyo. Ugu yaraan kalabar dadweynaha Soomaliya ayaa lagu qiyaasaa inay ku sugnanyihiin xaalad cunnoyari (*food insecurity*). Tirakoobyada qaarkood waxay tilmaamayaan in 75.4% shacabka Soomaaliyeed ay ku noolyihiin guryo cooshado ah.

Xagga qiimaynta, Soomaaliya waxay ku jirtaa kaalinta 160aad, marka la eego 163da dowladood ee uu saamaynayo qorshaha "Horumarka Waara" (*Sustainable Development Goals* (SDG), kaasoo leh 17 hadaf oo ay dowladaha adduunku ku heshiiyeen in gaaristooda la xaqiijiyo sannadka 2030. Ujeeddada Istiraatiijiyada Yaraynta Saboolnimada waxay tahay in nolosha dadweynaha Soomaaliyeed oo ah mid hoosaysa, aafooyin isbiirsaday dartood, kor loo qaado, ayadoo la yaraynayo nafaqadarrada, gaajada, caafimaaddarrada, waxbarasho la'aanta, dhimashada hooyada iyo dhallaanka, cudurrada faafa iyo shaqa la'aanta.

1.7.1. AHMIYADDA KA MIDNOQOSHADA URUR GOBOLEEDKA ISKAASHIGA DHAQAALAHA BARIGA AFRIKA

Sida uu shaaciyay Telefeeshinka Qaranka Soomaaliyeed (2023), Dowladda Soomaaliya waxay qaataday magaca "Urur Goboleedka Iskaashiga Dhaqaalaha Bariga Afrika, oo loo soo gaabinayo "Urur Goboleedka Bariga Afrika", kaasoo noqon doona magaca rasmiga ah ee af Soomaali ahaan loogu yeeri doono urur goboleedka ay Soomaaliya dhowaan ku biirtay ee

---

43. Somalia Economic Update November, 2023.

"East African Community (EAC)".

Guud ahaan, iskubiiridda ama isdhexgalka labo dal iyo ka badan waa hannaan ay dalalkaasi doonayaan inay uga gudbaan caqabadaha horyaalla iskuxirka dhaqaale, ganacsi iyo bulsho ee dadkooda, si ay u suuragasho in sare loo qaado heerka waxsoosaarka, islamarkaana la xaqiijiyo isdhexgal dhaqaale oo baahsan, kaasoo kor qaadaya heerka nolosha dadkooda.

Isdhexgalka/Isbaheysiga dhaqaale wuxuu ku salaysanyahay aragtida dhaqaale ee ku doodaysa in dhaqaalaha adduunku uu hagaagayo marka suuqyada dhaqaaluhu ay u shaqeyn karaan si wadajir ah, islamarkaana faragelinta xukuumadaha ee suuqyadu ay tahay mid aad u hoosaysa.

Isdhexgalka dhaqaale, sida magacaba ka muuqata, waa isdhexgalka dhaqaalaha waddamada; "Caalamiyaynta Dhaqaalaha" ayaa ah erey kale oo lagu sifeyn karo, si fududna u tilmaamaya iskuxirka ganacsiyada dalal kala duwan, kalana fog.

Dhaqaaluhu wuxuu ka koobanyahay howlo isku xiran oo go'aaminaya sida loo qoondaynayo kheyraadka, si loo daboolo baahiyaha aasaasiga ee aadamaha. Dhaqan ahaan, dhaqaalaha waxaa loo fiirin jiray in dal kasta ama gobol kasta u gooni yahay, ayadoo waddan kasta uu maamusho dhaqaalihiisa gaarka ah, kaasoo aan xiriir qorshe la lahayn dalalka kale. Si kastaba ha ahaatee, caalamiyaynta dhaqaalaha (ama iskubiiridda) waxay ogolaataa isusocodka badeecadaha, adeegyada iyo raasamaalka u dhexeeya waddammo kala madaxbannaan, waxayna mugdi gelisaa farqigii u dhexeeyay dhaqaalaha dalalka is dhexgalay. Isdhexgalka iyo iskubiiridda dalal kala duwan waxay dhalisay in dhaqaalaha casriga ee dalalka adduunka uu xoojiyo ku dhaqanka nidaamka suuqa xorta ah.

Maanta, ma jiro dhaqaale si buuxda u shaqeeya oo ka go'doonsan dhaqaalaha dalalka kale. Sababta ugu muhiimsan waxay tahay in dal kasta uu ku takhasusayo ama xoogga saarayo waxsoosaarka iyo ka ganacsiga badeecadaha uu uga fiicanyahay dalalka kale, ayadoo la adeegsanayo qaaciddada "isbarbardhigga faa'iidada" (*comparative advantage*). Dal kasta wuxuu ka ganacsan karaa badeecadaha uu ku soo saari karo si ka tayo sarreysa oo ka kharash yar dalalka kale ee xubnaha ka ah isdhexgalka dhaqaalaha, wuxuu ka soo dhoofsanayaa dalalka kale ee xubnaha ah badeecadaha ay kaga taya badanyihiin, kagana raqiisanyihiin.

Sidee loo cabbiraa isdhexgalka dhaqaalaha?

Maaddaama isdhexgal goboleedka dhaqaalaha uu yahay qayb ka mid ah hannaanka horumarinta dhaqaalaha, tilmaamayaasha loo adeegsan karo isdhexgalkaas waxaa ka mid ah:

- Ganacsiga badeecadaha iyo adeegyada
- Dhaqdhaqaaqyada caasimadda iyo xudduudaha
- Dhaqdhaqaaqa shaqada
- Xubinnimada ururka shaqaalaha
- Doorka ururrada shaqaalaha
- Dhisidda hay'ado ka sarreeya dowladaha xubnaha ka ah isdhexgalka
- Heerka Mideynta Siyaasadda dhaqaalaha dalalka isku biiray

1.8.	QAABABKA KALA DUWAN EE ISDHEGAL GOBOLEEDKA DHAQAALE

Hannaanka isdhexgal goboleedyadu wuxuu leeyahay noocyo kala duwan. Mid ka mid sababaha kala duwanaanshaha waa inuu hannaankaasi matalo heerar kala duwan ee isdhexgalka dhaqaale. Ayadoo lagu salaynayo heerkaas kala duwan, noocyada isdhexgalka dhaqaale waxay kala yihiin:

i) Aagga Ganacsiga Xorta ah

ii) Canshuur Midaysan

iii) Suuq Midaysan

iv) Siyaasad Dhaqaale oo Midaysan, iyo

v) Siyaasad Midaysan.

1. Aagga Ganacsiga Xorta ah

Waddamada xubnaha ka ah Aagga Ganacsiga Xorta ah, oo ah isdhexgalka ugu yar, waxay baabi'iyaan tariifadaha[44] iyo caqabadaha aan tariifadaha ahayn ee hortaagan ganacsiga dowladaha isbaheystay, laakiin waxay xor u yihiin inay ku soo rogaan tariifo badeecadaha ay soo degsadaan waddamada

---

44 Canshuur lagu soo rogo alaabta laga soo dejiyo ama loo dhoofiyo dibadda

kale ee aan qayb ka ahayn heshiiska.

Sidaa darteed, baabi'inta tariifadu waa habayn dhaqaale oo doorbidaysa dhiirigelinta ganacsiga dalalka ku bahoobay isdhexgalka. Ururka Ganacsiga Xorta ah ee Yurub (EFTA), iyo Heshiiska Ganacsiga Xorta ah ee Woqooyiga Ameerika (NAFTA) ayaa ah tusaalayaal ku habboon isdhexgalka dhaqaale ee noocan ah.

2. Canshuur Midaysan

Qaabka labaad ee isdhexgalka dhaqaalaha, oo loo yaqaan "Canshuuraha Midaysan", waxay waddamada xubnaha ka ahi baabi'iyaan tariifadaha iyo caqabadaha aan tariifadaha ku lug lahayn, si la mid ah Aagga Ganacsiga Xorta ah. Intaa waxaa dheer, waddamada xubnaha ka ah isdhexgalka qaabkan ah waxay midaynayaan tariifadaha badeecadaha laga keeno waddan saddexaad, taasoo uu kaga duwanyahay midda "Aagga Ganacsiga Xorta ah", kaasoo uu dal walba leeyahay tariifado u gaar ah marka la eego badeecadaha uga yimaada dalalka ka baxsan heshiiskaas.

3. Suuq Midaysan

Qaabka saddexaad ee isdhexgal goboleedka dhaqaale waxaa loo yaqaan "Suuqa Midaysan". Suuqani, sida midka "Canshuuraha Midaysan", wuxuu leeyahay tariifooyin midaysan ee badeecadaha dalalka ka baxsan isdhexgal goboleedka. Intaa waxaa dheer, qaabkani wuxuu leeyahay dhaqdhaqaaq xor ah oo ku saabsan arrimaha waxsoosaarka, sida: shaqada, raasamaalka, ganacsiga iyo teknoolajiyada, kuwaasoo dhexmaraya waddamada xubnaha ka ah isdhexgal goboleedka dhaqaale. Qaabkaan isdhexgalka wuxuu abuurayaa fursadaha ugu wanaagsan ee qoondaynta kheyraadka dalalka xubnaha ka ah, taasoo u horseedaysa in la kordhiyo faa'iidada iyo ka faa'iidaysiga kheyraadka dalalkaas.

4. Midnimo Dhaqaale

Qaabka afraad waxaa loo yaqaan "Midnimo Dhaqaale", wuxuuna leeyahay dhammaan sifooyinka suuqa midaysan. Intaa waxaa dheer, dowladaha xubnaha ka ah isdhexgalkani waxay isku dayaan inay iswaafajiyaan siyaasadahooda lacagta, maaliyadda, iyo kuwa kale ee la xiriira dhaqaalaha. Sidaa darteed, isdhexgalka noocan ahi waa kan ay waxyaabaha la wadaagayo ugu badanyihiin, taasoo ka dhigan in dowladaha xubnaha ka ah ay ilaa xad oggolanaayaan inay dhimaan madaxbanaanidooda qaran, si ay isu waafajiyaan siyaasadahooda dhaqaale. Isdhexgalka noocan waxaa tusaale u ah Midowga Yurub, oo noqday urur midnimo dhaqale ka dib heshiiskii *Maastrich*.

5. Midnimo Siyaasadeed

Midow siyaasadeedku wuxuu matalaa heerka ugu sarreeya ee isdhexgalka. Inkastoo uusan ahayn qaab saafi ah oo isdhexgal dhaqaale ah, haddana wuxuu muujinayaa natiijada macquulka ah ee kororka isdhexgalka dhaqaale ee ay sameeyaan koox quruumo ah oo isku biirtay. Waddamada xubnaha ka ah isdhexgalka noocan ah waxay luminayaan aqoonsigooda qaran, ayagoo noqonaya hal waddan. Tusaale ahaan, markii Jarmalka Bari uu ku biiray Jarmalka Galbeed waxaa dhacday Midnimo Siyaasadeed.

Kuwaasi waxay ahaayeen shanta marxaladood ee habka isdhexgalka dhaqaale. Muddada loogu gudbaayo heer ka mid ah shantaan heer way kala duwantahay, ayadoo ku xiran u-hoggaansanaanta hadafka dhaqaale ee dalalka xubnaha ka ah. Tusaale ahaan, dalalka Yurub waxay ku qaadatay ku dhowaad afartan sano in la galo midow dhaqaale oo dhamaystiran.

1.8.1.	FAA'IIDOOYINKA ISDHEXGALKA DHAQAALAHA

Kordhinta ganacsiga: Isdhexgalka dhaqaale wuxuu dhiirigelinayaa ganacsiga ka dhexeeya waddamada xubnaha ka ah, ayadoo meesha laga saarayo a m a la dhimayo caqabadaha ganacsiga, sida canshuuraha iyo qoondooyi n ka[45](*tariffs and qoutas*). Tani waxay keenaysaa ballaarinta suuqyada iyo kororka mugga ganacsiga, taasoo u oggolaanaysa ganacsiyada inay hela a n suuqyo ballaaran oo macaamiil ah, oo ay ka faa'iidaystaan dhaqaalaha baaxadda weyn (*economies of scale*).

Faa'iidoo y inka isbarbardhigga: isdhexgalkan dhaqaale wuxuu u sahlayaa i n dalalku xoogga saaraan waxsoosaarka iyo adeegyada uu mid walba ku x oogganyahay ama uu ku soo saari karo kharashka ugu yar,

---

45 Xaddidaad la xiriirta tirada la oggolyahay ee soodejinta nooc badeeco ah.

kuwaasoo uu ku qabo faa'iidooyin gaar ah marka la barbardhigo xubnaha kale ee ka midka ah isdhexgalka, taasoo u horseedaysa korukac waxtarka ama heerka waxsoosaarka (*productivity*). Ayagoo xoogga saaraya soo saarista badeecadaha iyo adeegyada ay sida ugu hufan uga shaqeeyaan, waddamadu waxay wanaajin karaan qoondaynta kheyraadkoodka, waxayna sare u qaadi karaan fursadahooda tartanka suuqa caalamiga ah.

Waxtar dha qaale: isdhexgalku wuxuu kor u qaadayaa waxtarka qoondaynta kheyraadka (*allocation of resources*), ayadoo awood siinaysa dhaqdhaqa aqa raasumaalka, shaqada iyo farsamada ee xuduudaha isaga gudba. Tani waxay sahlaysaa horumarinta ilo waxsoosaarkooda iyo nacfigoodu uu badanyahay, taasoo keenaysa koror guud oo la xiriira waxtarka iyo koboca dhaqaalaha.

Fursadaha shaqada iyo socdaalka: isdhexgalka dhaqaale wuxuu dadka u abuuri karaa fursado shaqo, taasoo u oggolaanaysa inay u guuraan waddan ka sta ee isdhexgalka ka mid ah, si ay u helaan shaqo mushaar ahaan iyo si kaleba uga fiican, ama ay ka abuurtaan fursado ay gaar u leeyihiin. Warshadaha u baahan shaqaale aan xirfad lahayn ayaa laga yaabaa inay u wa reegaan waddamada ka midka ah isdhexgalka ee uu heerkooda mushaharaadku hooseeyo, ayagoo shaqa-abuur u samaynaya dadka.

Ballaari nta suuqa: isdhexgalku wuxuu suuqyo cusub u furayaa ganacsiy ada gobolka midoobay. Helitaanka saldhig macaamiil oo aad u ballaara n waxay horseedi kartaa kororka iibka iyo faa'iidada shirkadaha, kobcinta hal-abuurka, iyo kor-u-qaadista koboca dhaqaalaha.

1.8.2.	DHIBAATOOYINKA KA DHALAN KARA ISDHEXGALKA DHAQAALAHA

Weecinta ganacsiga: Isdhexgalka dhaqaale wuxuu kaa weecin karaa ganacsiga kaala dhexeeya dalalka aan xubinta ka ahayn isdhexgal goboleedka ee sida hufan uga wanaagsan dalalka xubnaha ka ah. Tani waxay dhacdaa marka caqabadaha ganacsigu ay ka yaraadaan gudaha dalalka isdhexgalka, taasoo keenta in ganacsiga laga wareejiyo kuwa aan xubinta ka ahayn tartanka, oo loo wareejiyo wadamada xubnaha ka ah ee waxtarkoodu yaryahay.

Luminta siyaasadda dhaqaalaha: Isdhexgalka dhaqaale wuxuu inta badan u baahanyahay waddamada xubnaha ka ah inay ka tanaasulaan xoogaa xa kamaynta siyaasadahooda dhaqaale. Siyaasadaha muhiimka ah, sida: siyaasadaha ganacsiga, lacagta iyo maaliyadda, ayaa laga yaabaa inay u baahdaan in la is waafajiyo ama la isku duwo gudaha dalalka isdhexgalay, taasoo xa ddidaysa xorriyaddii suuragelinaysay inuu dalku raaco xeelado madaxbannaan.

Sinnaan la'aanta iyo kala duwanaanshaha dalalka is dhexgelaya: Isdhexgalka dhaqaalaha ayaa laga yaabaa inuu sii xumeeyo sinnaan la'aantii dhaqaale ee hore uga dhex jirtay gudaha dalalka is dhexgalay, waxayna abuuri kartaa kala duwanaansho dhaqaale iyo horumar aan loo sinnayn oo dalalka dhexdood a ah. Xubnaha yaryar ee isdhexgalka ayay suurtagal tahay inay dhaqaalahooda ka faa'iidaystaan xubnaha waaweyn iyo kuwa horumarsan, ayadoo kuwa yaryar iyo kuwa uu horumarkoodu hooseeyo aysan kharash ka baxa mooyaane xaqiijinayn wax faa'iido ah. Taasi waxay caqabad ku noqotaa horumarka xubnaha taagta daran ee isdhexgalka.

Waayidda warshadaha iyo shaqada: Waxaa laga yaabaa in isdhexgalku keeno lu mitaanka qaar ka mid ah warshadaha waxsoosaarka tartanka oo kordhay gudaha dalalka ku isdhexgalay awgeed. Warshadaha aan awoodin in ay la tartamaan warshadaha waxsoosaarka badan ee gudaha dalalka bahoobay ayaa lag a yaabaa inay la kulmaan hoosudhac ama barakac, taasoo keeni karta shaqo la'aan, islamarkaana horseedi karta kacdoon bulsho meelaha ay saamaysay.

Ku tiirsanaanta waddamada xubnaha ka ah: Isdhexgalka dhaqaale wuxuu ka dhigi karaa waddamada xubnaha ka ah kuwo uu midba midka kale ku tiirsanyahay marka la eego ganacsiga iyo xasilloonida dhaqaalaha. Haddaba, jahawareerka dhaqaale, ama qalalaasaha ka dhaca mid ka mid ah xubnaha ayaa saamayn ku yeelan kara xubnaha kale, taasoo ka dhigaysa inay u nuglaadaan xaaladaha dhaqaale ee dibadda, iyo inuu yaraado adkeysigooda siyaasadeed.

Haddaba, ayadoo isdhexgalka dhaqaaluhu uu leeyahay faa'iidooyinka iyo khasaarooyinka aan soo sheegnay, waxaa lamahuraan ah in dalka doonaya inuu qayb ka noqdo isdhexgal dowlad goboleed dhaqaale uu si wanaagsan u derso faa'iiooyinka iyo khasaaraha kaga imaan kara ku biirista, gaar ahaan hannaank a iyo heerka dhaqaalaha, siyaasadda, sharciga, iyo bulshada ee dalalka ka tirsan isdhexgalka. Dal kasta waa inuu isbarbarhig cilmiyaysan ku sameeyo qodobbada kor ku xusan inta uusan go'aansan ka qaybgalka isdhexgal goboleed dhaqaale.

<table>
<tr><td>1.8.3.</td><td>TAARIIKHDA URUR GOBOLEEDKA BARIGA AFRIKA</td></tr>
</table>

Urur Goboleedka Bariga Afrika waxaa lagu dhisay heshiis (*Treaty*) la saxiixay 30kii Nofember 1999, si rasmi ahna u hirgalay 7dii Luulyo 2000, waxaana ku bahoobay saddexda (3) dal oo kala ah *Kenya, Tanzania*, iyo *Uganda*. Waxaa gadaal uga soo biiray dalalka kala ah *Burundi, Rwanda*, Koofurta *Sudan*, iyo Jamhuuriyadda Dimuqraadiga *Kongo*. Jamhuuriyadda Fedeeraalka Soomaaliya waxay ku biirtay 15ka Disember 2023, ayadoo Madaxweyne Xasan Sheekh Maxamuud ku saxiixay Magaalada *Kampala* ee dalka *Uganda* heshiiska xubinnimada. Sidaa awgeed, xubnaha ururka waxay hadda yihiin 8 dal.

Xarunta Ururka waxay ku taallaa Carusha, *Tanzania*. Afafka rasmiga ee Ururka waa Ingiriska, Sawaaxili iyo Fransiis.

Heshiiska Urur Goboleedka Bariga Afrika wuxuu ka koobanyahay 153 qodob. Hadafka Guud ee urur goboleedkan wuxuu yahay iskaashi ugu dambaynta horseedaya iskubiiridda dalalka isdhexgalka. Dalalka xubnaha ka ah urur goboleedkan waxay dejinayaan siyaasado iyo barnaamijyo ujeedado oo du tahay ballaarinta iyo dhidib-u-aasidda waxwadaqabsiga siyaasadda, dhaqaalaha, bulshada, farsamada, difaaca, amniga, sharciga iyo caddaaladda, iyo xiriirka caalamiga ah, si loo hagaajiyo nolosha dhammaan dadka ku nool dalalka isdhexgalka, ayadoo loo marayo tartan xalaal ah, kordhinta waxsoosaarka, ganacsi iyo maalgelin ballaaran.Yoolka ugu dambeeya waa abuuritaanka dowlad federaal ah oo ka talisa dhammaan dalalka xubnaha ka ah urur goboleedkan.

Mabaadii'da hoggaaminaysa gaaritaanka hadafka Ururka waxay yihiin isku kalsoonaan, rabitaan siyasadeed, sinnaan, nabad ku wada noolaasho, nabad-ku-xallin muranka dhexdooda ka dhasha, maamul wanaag, ilaalinta sarreynta sharciga, islaxisaabtan, daahfurnaan, sinnaanta jinsiga, ilaalinta xuquuqda aadamiga, u-qaybsiga faa'iidada si siman, iyo iskaashiga ku saleysan faa'iido loo dhanyahay.

Qiyaasta masaafada dalalka Urur Goboleedka Bariga Afrika, oo ay Soomaaliya ku jirto waxay gaaraysa ilaa 5.44 malyan square km, waxaana ku nool dad gaaraya ilaa 300 malyan. Waxsoosaar sannadeedka dalalka ka mid ah ururkan waxaa lagu qiyaasay ilaa $ 314 bilyan.

Heshiiska wuxuu dhigayaa in ururku lahaanayo hay'adaha kala ah: Hoggaanka Sare, Golaha (Golaha Wasiirada), Guddiga Isuduwidda, Guddiga Sekreterrada, Maxkamad, Barlamaanka Sharcidejinta, Xogheyn Guud, iyo hay'adihii kale ee Hoggaanka Sare isku raaco abuuriddooda.

Afarta yool dhaqaale ee dalalka xubnaha ka ah Urur Goboleedka Bariga Afrika ay higsanayaan waxaa ka mid ah:

1. In koboca dhaqaalaha uu gaaro 6% sannadkii;
2. In heerka sicirbararka uusan dhaafin 5%;
3. In heerka dakhliga canshuuraha gaaro ilaa 25% waxsoosaarka gudaha (GDP);
4. In dal kasta haysto keyd lacageed ku filan ama dabooli karta baahida waxsoodejinta (*imports*) 4.5 biloed;
5. In hoosudhaca miisaaniyadda (*deficit*) uusan ka badnaan 3% waxsoosaarka gudaha; iyo
6. in deynta dowladda (*public debt*) aysan ka badnaan 50% waxsoo saarka gudaha.

Ujeeddada bartilmaameedyadaas waxay tahay in uusan dhalan horumar aan isku dheelli tirneyn, oo ka abuura dabaqad (*inequality*) dalalka isdhexgalay dhexdooda.

Si loo gaaro midnimo lacageed (*Monetary Union*), dalalka xubnaha ka ah Urur Goboleedka Bariga Afrika waxay doonayaan inay is waafajiyaan siyaasadahooda lacagta iyo canshuuraha (*Monetary and Fiscal Policies*), istatiskadooda (*Harmonization of Statistics*) iyo sharciyadooda; iyo inay abuuraan hay'adda Istaatistikada iyo Mac-hadka Lacagta (*East African Monetary Institute*), Guddiga Ilaalinta, u hoggaansanaanta, iyo dhaqangelinta (*enforcement*), iyo Guddigga Adeegga Maaliyadda.

Afarta Tiir ee Urur Goboleedka Bariga Afrika ku midoobayo waxay yihiin:

1. Mideynta Furdooyinka (*Custom Union*)
2. Suuqa la wada leeyahay (*Common Market*)
3. Mideynta Lacagta (*Monetary Union*)
4. Midowga Siyaasadda Federaalka (*Political Federation*).

Faa'idooyinka ay Soomaaliya rajaynayso inay ka hesho kubiiridda Urur Goboleedka Bariga Afrika waxaa ugu weyn helitaanka suuq aad u baallaran iyo fursadda dhaqdhaqaaqa dadka iyo badeecadaha, helitaanka mashaariicda kaabayaasha dhaqaalaha (*Infrastructure Projects*), maalgelin dibadeed, aqoon, waaya-aragnimo, iyo farsamo casri ha. Si gaar ah, waddaniyiinta Soomaaliyeed, oo burburkii Dowladdii Soomaaliyeed ka dib maalgelin iyo shaqo-abuuris xoog leh ka hirgeliyay dalalka ku bahoobay Urur Goboleedka Bariga Afrika, waxay ka faa'ideysanayaan dammaanadaha iyo difaaca uu siinayo heshiiska ururkan. Intaa waxaa dheer, Soomaaliya waxay rajaynaysaa inay ka faa'ideysato kheyraadka Allaha Weyni ku mannaystay, sida: beeraha, badda, xoolaha, betroolka, macdanta, iyo qorraxda, faa'idooyinka qurbajoogta, heerka sare ee horumarka isgaarsiinta Soomaaliya, iyo firfircoonida ganacsi ee muwaadiniinta Soomaaliyeed, iyo deegaankeeda istiriijiga ah ee maro jidka isku xira badda Hinndiya, Badda Cas, iyo Khaliijka Carabta.

Inkastoo Urur Goboleedka Bariga Afrika uu jiray 22 sano, haddana wuxuu ilaa maanta gaari la'yahay hadafyadihii uu dhigtay, sababtoo ah waxaa jira arrimo badan oo aan heshiis sharci laga gaarin, islamarkaana loo waayay dhaqaale lagu fuliyo. Sidaa darteed, farqi weyn ayaa u dhexeeya dalalka xubnaha ka ah Urur Goboleedka Bariga Afrika marka la eego xagga hoosudhaca miisaaniyadda, sicirbararka, shaqa la'aanta, waxsoosaarka gudaha (GDP), waxbarashada, caafimaadka, miisaaniyadda dibadda (*balance of payment*), siyaasadda, ilaalinta xuquuqda bani'aadamka, musuqmaasuqa iyo daahfurnaanta, iyo farmsada tiknooloojiyadeed. Sidaas darteed, waxaa suuragal ah in xaaladaha dhaqaalaha, nabadgelyada, siyaasadda iyo hannaanka dowladnimo ee dalalka ku jira ururkan uu aad u kala duwanaado mustaqbalka, taaso abuuri karta khilaaf iyo kalabax.

Caqabadaha la tilmaamayo inay haystaan Urur Goboleedka Bariga Afrika waxay ka dhasheen gaabiska gaaritaanka yoolka suuqa midka ah (*Common Market*) iyo midowga lacagta (*Monetary Union*), horumar la'aanta xagga kaabayaasha dhaqaalaha, sarraynta awoodda dhaqaale ee dalalka qaardood (oo ka faa'idaystay maalgelinta in waxsoosaarku uu xaggooda u bato), iyo dibudhac ka yimid ku jiritaanka dalalka ee isbaheysiyo kala duwan, iyo in lagu guuleysan waayay mideynta habka canshuuraha. Waxaa kaloo jira caqabado ka dhashay arrimo aan la xiririn canshuuraha oo dowladaha qaarkood ku xayirayaan ganacsiga iyo dhaqdhaqaaqa dadka iyo raasumaalka.

Kamiradhalinta faa'idooyinka Urur Goboleedka Bariga Afrika waxay ku xiranyihiin rabitaan siyasadeed, u-hoggaansanaanta maamulwanaagga, horumarinta kartida iyo waxqabadka hay'adaha dowladeed, iyo suuq ay hogaaminayaan siyaasado dhaqaale oo ay taageerayaan qaybaha hantida gaarka ah oo xoog leh.

Tixraacyo

AARAN CENTER for Economic and Social Development (2020). *THE EMERGENCE OF FOREX TRADING IN SOMALIA: Analysis of its regulatory, economic and social impact.* http://aarancenter.org/wp-content/uploads/2020/10/The-Emergence-of-Forex-Trading-in-Somalia.pdf

Ahmed, I. I. (1999). *The heritage of war and state collapse in Somalia and Somaliland: local-level effects, external interventions and reconstruction.* Third World Quarterly, 20(1), 113-127.

Cole, K., Lyons, R., & Cary, D. (1999). *Regional economic integration.* The Review: A Journal Of Undergraduate Student Research, 2(1), 70-76.

East African Community. Secretariat, & Deutsche Gesellschaft für Technische Zusammenarbeit. (2002). The treaty for the establishment of the East African Community (Vol. 1). East African Community Secretariat, in conjunction with the German Agency for Technical Co-operation.

Gray Jr, A. L. (1989). *The economy of the Somali democratic Republic in the 1980s.* Ufahamu: A Journal of African Studies.

Leeson, P. T. (2007). *Better off stateless: Somalia before and after government collapse.* Journal of comparative economics, 35(4), 689-710.

Kinyua, T. K. (2015). *Institutional Challenges Facing the East Africa Community Common Market in Kenya* (Doctoral dissertation, University of Nairobi).

Lewis, I. M. (2019). *A Modern History Of Somalia: Nation And State In The Horn Of Africa*, Revised, Updated. Routledge.

Metz, H. C. (1992). Somalia: a country study. *(No Title).*

McConnell, Campbell R., Brue, Stanley L; Flynn Dr., Sean
Masaki, (2014). *Economics: Principles, Problems, Policies* (McGraw Hill
Series in Economics) – Standalone book. (20th ed.). McGraw Hill
Education.

NEC, Assessing the Viability of Somalia's Integration into the East African
Community. Working papers (2023, November 20).https://nec.
gov.so/assessing-the-viability-of-somalias-integration-into-the-east-
african-community/

Nsouli, S. M., & Zulu, J. B. (1985). *Adjustment programs in Africa: the
recent experience*. International monetary fund.

Sharan, V. (n.d.). International Business Management:
For VTU. Pearson Education India. http://books.
google.ie/books?id=NmQ8BAAAQBAJ&dq=
9788131798744&hl=&cd=2&source=gbs_api

SNTV (2023): *Wasaaradda Warfaafinta oo soo saartay eray bixinta
rasmiga ah ee ururka EAC oo Soomaaliya ay ku biirtay.* https://
sntv.so/ 2023/12/25/wasaaradda-warfaafinta-oo-soo-saartay-eray-
bixinta-rasmiga-ah-ee-ururka-eac-oo-soomaaliya-ay-ku-biirtay/

Somalia Economic Update November 2023 | Edition No. 8: *Integrating
Climate Change with Somalia's Development - The Case for Water -
Somalia*. (2023, November 30). ReliefWeb.

Stigler, G. J. (1975). *The goals of economic policy*. The Journal of Low and
Economics, 18(2), 283-292.

Taariikhda bankiyada Soomaaliya. (n.d.). Google Books. https://books.
google.so/books/about/Taariikhda_bankiyada_Soomaaliya.
html?id=DF4CtAEACAAJ&redir_esc=y

Team, C. (2023, November 22). *Economic Integration*. Corporate Finance
Institute. https://corporatefinanceinstitute.com/resources/
economics/economic-integration/

Hordhac

Xarunta Horumarinta Hoggaaminta Dhaxalreeb waa xarun ka shaqaysa iskuxirka jiilkii hore iyo jiilka maanta, iyadoo ka reebta jiilkii hore cilmiga, aqoonta iyo waayo-aragnimada maskaxdooda ku duugan. Dhaxalreeb waxay diyaarisaa fursado iyo fagaarayaal ay aqoonta iyo waaya-aragnimada isugu gudbiyaan jiilkii hore iyo jiilka cusub ee aqoonyahanka Soomaaliyeed. 'Jiilkii Hore' waxaa loola jeedaa ragga iyo haweenka wax bartay xilliyadii dowladnimada midaysan (dalka wada xukunto) la haystay, islamarkaana leh khibrad shaqo iyo waaya-aragnimo ballaaran; waxaa kale oo ka mid ah ragga iyo haweenka aqoonta iyo waaya-aragnimada bulshada ay ka kasbadeen darteed ku caan baxay indheergaradnimo iyo afkaarwanaag.

Dhaxalreeb waxay diyaarisay buuggan oo ku saabsan Siyaasadda Dhaqaalaha iyo Maaraynta Maaliyadda, kaasoo loogu talagalay inuu u iftiimiyo jiilka cusub ee aqoonyahannada marxaladihii kala duwanaa ee uu soo maray dhaqaalaha iyo maaliyadda Soomaaliya, iyo horumarkii iyo dibudhacyadii la soo gudboonaday; iyo inuu islamarkaas dhaqaajiyo dareenkooda cilmibaariseed ee dhaqaalaha dalka iyo taariikhdiisa. Haseyeeshee, taasi kama dhigna in aan cid kale ka faa'idaysan karin, oo wuxuu anfacayaa buuggu cid kasta oo mowduucan danaynaysa, oo ay ku jiraan cilmibaarayaashu.

Buugga waxaa laga diyaariyay waraysiyo iyo doodcilmiyeed ay ka qaybgaleen xeeldheerayaal waaya-arag ah iyo khabiirro aqoon durugsan u leh dhaqaalaha iyo maamulka maaliyadda dalka, wuxuuna ka kooban yahay seddax cutub marka laga reebo gogoldhigga (Cutubka koowaad) iyo gabagabada (Cutubka shanaad). Cutubka labaad waxaa lagu falanqaynayaa taariikda Siyaasadda Dhaqaalaha Soomaaliya laga soo bilaabo xilligii dowladdii ugu horraysay ee dhalatay xorriyadda ka dib ilaa xaaladda maanta oo lagu jiro dowlad-dhisid iyo dibusookabasho. Waxaa wax laga taabanayaa khaladaadkii siyaasad dhaqaale, maamul iyo maaliyadeed ee dhacay marxaladahaas kala duwan, gaar ahaan xilligii kacaanka. Waxaa kale oo la xusayaa horumarkii dhaqaale ee ay Soomaaliya gaartay muddadaas.

Cutubka seddaxaad wuxuu xoogga saarayaa maamulka maaliyadda dowladda, waxaana uu iftiiminayaa xaaladda islaxisaabtan ee dalka, gaar ahaan muddadii geeddisocodka dibudhiska dowladnimada. Cutubka afraad waxaa lagu qaadaadhigayaa dibudhiska hay'adaha maaliyadda, gaar ahaan Wasaaradda Maaliyadda iyo waxqabadkeeda. Waxaa kaloo lagu faahfaahinayaa barnaamijka deyncafinta iyo guulaha laga gaaray. Cubuka ugu dambeeyaa ee shanaad ayaa lagu soo jeedinayaa talooyin muhiim u ah horumarka dhaqaalaha iyo hufnaanta nidaamka maaliyadeed ee dalka.

Muddadii la diyaarinayay, buuggu wuxuu soo maray dhowr marxaladood. Bilawgii, asaga oo ahaa muuqaallo la duubay ayaa loo beddelay qoraal aan hadalkii waxba laga tegin, balse aan tifaftirnayn, aanna habaysnayn. Dabadeed, waa la habeeyay, lana tifaftiray; intaa ka dib ayaa loo bandhigay aqoonyahanno kale oo ku takhsusay dhaqaalaha iyo maamulka maaliyadda, si ay talo ugu darsadaan. Aqoonyahannadaas oo kala ah: Bashiir Maxamed Cabdulle, Xuseen Maxamed Jimcaale iyo Cali Yuusuf Xasan, waxay soo jeediyeen talooyin muhiim ah, kuwaasoo la tixgeliyay muddadii lagu jiray tifaftirka buugga.

Qorista buuggan, waxaa la raacay habqoraalka ereyada loo yaqaanno "Lammaanaha". Sidaas darteed, lama kala goyn ee waa la is raaciyay qoraalka ereyada lammaanan; tusaale: looshaqeeye, dibudhac, dibuhabayn, islaxisaabtan, canshuur-ururin, shaqala'aan, waxsoosaar, deynbixin, iskufilnaansho, hantidhowr, deeqbixiye, deynqabe, qabyaqoraal, iwm.

CUTUBKA 2AAD

CUTUBKA 2AAD

SIYAASADDA DHAQAALAHA

Cabdullaahi Sheekh Cali (Qalloocoow)
Cabdullaahi Axmed Afrax
Cabdulqaadir Aadan Maxamuud (Jangali)
Dr. Cali Ciise Cabdi
Dr. Maxamed Saciid Samatar
Nuur Axmed Wehliye
Xuseen Maxamuud Siyaad (Xuseen Caato)
Barfasoor Yaxya Sheekh Caamir

| 2.1: | HORDHAC |

Qaran kasta wuxuu leeyahay siyaasad uu ku horumariyo dhaqaalaha dalkiisa, si dadkiisu u gaaraan madaxbannaani dhaqaale, islamarkaana u helaan nolol wanaagsan. Intii ay dolwadnimada casriga ahi geyigeenna ka jirtay, dhaqaalaha dalkeenna wuxuu soo maray marxalado kala duwan oo ay saldhig u ahaayeen siyaasadihii ay ku dhaqmayeen maamulladii kala duwanaa ee dalka soo maray.

Ayadoo, haddaba, lagu guda jiro dibudhiska dowladnimadii burburtay, ayay muhiim tahay in dib loo jalleeco siyaasadahaas dhaqaale, lana qiimeeyo waxtarkoodii, si shacabka Soomaaliyeed, gaar ahaan jiilka cusub ee aqoonyahanku faham uga qaataan arrintaas.

Cutubkani wuxuu ku saabsanyahay dhaqaalaha Soomaaliya iyo

marxaladihii kala duwanaa ee uu soo maray, waxaana laga soo diyaariyay doodcilmiyeed iyo waraysiyo ay ka qaybgaleen dhaqaalayahanno khibrad dheer u leh dhaqaalaha Soomaaliya. Waxaa la falanqaynayaa siyaasadihii dhaqaalaha Soomaaliya iyo marxaladihii ay soo mareen billow ilaa dhammaad; haseyeeshee, waxaa si qoto dheer loo qaadaadhigayaa siyaasadihii dhaqaalaha ee xilligii xukunka milateriga - waxtarnimadoodii iyo cilladahoodii - maaddaama dowladdii milateriga ay ahayd tii ugu waqtiga dheerayd xukuumadihii soo maray dalka, islamarkaana samaysay isbeddelladii dhaqaale ee ugu saamaynta badnaa. Sidoo kale, waxaa laga hadlayaa xaaladdii dhaqaale ee xilligii burburka iyo dagaallada sokeeye, iyo midda maanta oo lagu jiro dibudhis dowladnimo.

2.2. BILLOWGII SIYAASADAHA DHAQAALAHA SOOMAALIYA

Markii gobannimada la qaatay, ayna midoobayeen labadii gobol ee ay ka samaysantay Jamhuuriyadda Soomaaliya 1960, waxaa jiray laba habmaaliyadeed oo kala duwan oo labadaas gobol ee midowday midba kiisa u gaarka ah ku dhaqmayay. Wax kaleba marka laga soo tago, waxaa adkayd in laba xafiis oo ku kala yaallay labadii gobol ay is fahmaan marka ay wada xiriirayaan ilaa loo kala tarjumo, maxaayeelay waxay ku kala shaqaynayeen afafka Talyaaniga iyo Ingiriiska. Kala duwanaantaasi saamayn taban ayay ku lahayd dhaqaalaha dalka. Gobollada Koofureed waxay lahaayeen ilo dhaqaale oo ka imaanayay beeraha iyo xoolaha, oo ka baaxad weynaa kii Gobollada Woqooyi. Labada gobol waxay wax ku kala baran jireen af Ingiriis af Talyaani. Sidaas darteed, waxaa adkaatay sidii labada maamul la isu fahamsiin lahaa, loona midayn lahaa.

Lixdameeyadii ayaa la billaabay in la isku daro, afafkii la mideeyo, dugsiyadii Koofurtana lagu soo daro in afka Ingiriiska wax lagu dhigto. Waagaas af Talyaaniga ayaa ka xoog badnaa af Ingiriisiga marka la joogo Koofurta Soomaaliya; waxaa soo raacay Af Carabiga oo ay dhigi jireen barayaal Masaari ah, kaasoo hore ugu xididdaystay goobaha waxbarashada, diinta iyo maamulka labada gobolba.

Haddaba, waqti ayay qaadatay in maaliyadda labada dhinac la isku geeyo oo Bangiga Dhexe gaaro heer uu soo daabici karo Shillinka Soomaaliga ee ka dhexeeya labada gobol. Dowladdii u horreysay waxay iska ilaalinaysay iskudhac ka imaan karey midaynta mushaaraadka iyo darajooyinka shaqaalaha, maaddaama ay dimuqraadiyad billow ahi jirtay, labada gobolna ay sharci ahaan kala duwanaayeen. Talyaanigii wuxuu Koofurta ka dhigay meel ciriiri ah, ayadoo aad loo xakameeyay kharashaadka. Sidaas darteed, shaqaalihii dowladda ee joogay Woqooyigu waxay mushaar ahaan ka fiicnayeen kuwii joogay Koofurta. Dowladdii milateriga ayaa ugu dambayntii ku guulaysatay inay midayso maaliyaddii labada gobol iyo mushaarooyinkii shaqaalaha.

2.3. SIYAASADDII DHAQAALAHA EE XUKUNKII MILATERIGA

Intii aysan imaan dowladdii milaterigu, waxaa jirtay dowlad curdan ah, balse ku dhaqmaysay dimoqraadiyadda iyo nidaamka dhaqaalaha furfuran. Haseyeeshee, dowladdii milaterigu waxay qaadatay nidaamka hantiwadaagga. Sidaas awgeed, qaar ka mid ah hantidii gaarka loo lahaa ayaa la qarameeyay, siiba inta badan warshadihii iyo adeegyadii ay shisheeyuhu lahaayeen. Waxaa kaloo la qarameeyay qaybihii waxsoosaarka iyo qaar ka mid ah ganacsiyadii Soomaalida, sida: bangiyadii, shirkadihii ganacsiga, shirkadihii shidaalka, shirkadihii qalabka dayactirka, iwm. Qaramayntaasi waxay saamaysay shirkado iyo mashariic gaar ah oo waqtigaas muhiim u ahaa siyaasaddii hantiwadaagga ee dowladdu qaadatay.

Qaramaynta ka dib, bangiyadii gaarka loo lahaa waxay noqdeen bangiyo ganacsi, ayagoo qabanayay shaqadii ay qaban jireen isbeddelka ka hor. Tusaale ahaan, Bangiga Ganacsigu wuxuu ganacsatada u fududaynayay howlaha ganacsiga, sida dhoofinta xoolaha, iwm; macaashka Bangigu sameeyo wuxuu gelayay kaydka lacagta dowladda. Bangiyadii la qarameeyay waxaa ka mid ahaa: *Bank Bursaciid, Gridlays Bank, Banco Di Roma, iyo Banco Di Napoli.* Sidoo kale, mashaariicda la qarameeyay waxaa ka mid ahaa mashruucii "Tayaynta iyo Kordhinta Mooska", oo ahaa kan ugu muhiimsan waxyaabihii laga dhoofin jiray Soomaaliya.

Hantida la qarameeyay waxaa kaloo ka mid ahaa waxsoosaarkii beeraha. Waxaa la aasaasay wakaalad ay dowladdu leedahay oo la yiraahdo ADC,[46] taasoo loo sameeyay kaalmanyta beeraleyda iyo kaydinta waxsoosaarka beeraha, gaar ahaan badarka. ADC waxay beeraleyda ka iibinaysay dalagga u soo go'a ee ka badan baahidooda, kaasoo ay suuqa ku fasaxaysay marka ay cuntadu ku yaraato, ayadoo aan wax sidaas ah lagu kordhinin qiimaha. Waxaa kaloo la sameeyay wakaaladdii ENC,[47] oo soo dejin jirtay dhammaan cuntooyinka dibadda.

Run ahaantii, billowgii wax badan oo faa'iida ah ayaa laga gaaray ujeeddadii qaramaynta ilaha waxsoosaarka. Tusaale ahaan, sannadkii 1973, waxsoosaarka cuntada wuxuu gaaray heer uu ka batay baahida dalka. Haseyeeshee, laba sano ka dib markii ay ADC la wareegtay waxaa muuqatay hoosudhac ku yimid waxsoosaarka, taasoo loo aaneeyay maamulxumo.

Qaramaynta ilihii waxsoosaarka waxay kaloo suuragelisay samaynta kayd qaran, kaasoo ahaa mid uu dalku aad ugu baahnaa, maxaayeelay kaydka lacageed ee guduhu wuxuu fududeeyaa helitaanka kaalmo dibadeed oo kab ah. Taasi waxay dowladda u fududaysay inay hesho kayd hantiyeed oo u suuragelinayay higsiga koboc dhaqaale oo ka sarreeya kii markaas jiray. Guud ahaan, maalgelinta mashaariicda horumarineed waxay ahayd mid ka imaanaysay Dowladda Soomaaliya iyo deeqbixiyayaasha shisheeye. Deeqbixiyayaashu waxay ku deeqayeen 20 - 30% lacagta guud ee ku baxaysa mashruuca, halka dowladda Soomaaliya laga doonayay inay daboosho inta soo hartay oo ah 70-80%.

Mashaariicda la fuliyay waxaa ka mid ahaa warshado, waddooyin, biyaxireenno iyo beero waaweyn. Mashaariicdii waaweynaa, uguna muhiimsanaa waxaa ka mid ahaa "Mashruucii Horumarinta Dooxada Jubba", oo ahaa mashruuc ballaaran ee biyaxireen iyo waraabka beeraha, kaasoo dhalin lahaa koronto la gaarsiin lahaa Xamar ilaa Kismaayo.

---

46 Hay'adda Horumarinta Beeraha
47 Hay'adda Qaranka ee Ganacsiga

Mashruucaas oo daraasaddihiisa ay socdeen sanooyin badan, waxaa maalgelintiisa ka qaybgalay Mareykanka, Bangiga Adduunka iyo Bangiga Horumarinta Afrika.

Sidii aan hore u soo sheegnay, dowladdii milaterigu waxay afgembisay dowlad dimuqraaddi ah, balse tabar yar oo aan weli awoodin inay soo saarto khayraadkii dihnaa ee dalka, dhaqaalahana kobciso. Haddaba, xukunkii milaterigu wuxuu la yimid isbeddello dhaqaale oo suurageliyay korukac dhaqaale oo xowli ah shantii sano ee hore. Haseyeshee, markaa ka dib waxaa billowday hoosudhac ay sabab u ahaayeen arrimaha soo socda:

1) Aqoontii oo laga tagey

Siyaasadihii isbeddelka waxaa qayb ka ahaa, oo dowladdii milaterigu ay intii ay cusbayd oo dhan ku shaqaynaysay, in shaqada loo dhiibo dadka aqoonta leh. Balse taasi siima socon, oo halkii aqoonta ayaa markii dambe lagu beddelay kacaannimo (taageerada dowladda). Tusaale ahaan, haddii aad shahaado sare haysato, khibrad kastana aad u leedahay shaqada, balse aadan kacaanka[48] raacsanayn "waxba ma tihid" ayay noqotay. Taasi waxay keentay in mashaariicdiii la rabay inay nagaadaan oo muddo dheer sii jiraan ay ku baaba'aan waqti gaaban gudihiis; iyo in dhaqaalihii caynwareego heer la gaaray in dowladdii ay ku fillaan waydo qarashkeeda caadiga ah. Ujeeddada laga lahaa qaramaynta ilihii waxsoosaarka ma ahayn horumarinta dhaqaalaha dalka oo kaliya, waxaase ku lammaansanaa ujeedda siyaasadeed, taasoo dhidibbada loogu adkaynayay xukunkii milateriga, taasina waxay ka soo jeedday fikradda hantiwadaagga ee oranaysa: "Si aad dadka u xukunto dhaqaalahooda gacanta ku dhig."

2) Shaqaalayn xad-dhaaf ah

Ballanqaadyadii dowladdii milaterigu waxaa ka mid ahaa inay baabi'inayso shaqa la'aanta, oo ahayd dhibaato weyn oo ay ka dhaxashay dowladdii ay afgembisay. Sidaas darteed, dowladdu waxay u howlgashay shaqaalaysiinta dhammaan ardayda Soomaaliyeed ee ka soo qalinjebinaysay jaamacadaha dalka. Marka hay'ad ama warshad la samaynayo, lagama

---

48 Magac ay isugu yeeri jirtay dowladdii milaterigu

fekerayn inta ay faa'iido samayn karto ee waxaa la fiirinayay tirada shaqaalaha ee ay qaadanayso. Tusaale ahaan, Hotel Curuba oo u baahnaa 30 qof ayaa laga yaabaa inay ka shaqaynayeen 200 oo qof; Warshaddii Baastada oo dhab ahaan u baahnayd 30 qof ayaa laga yaabaa inay ka shaqaynayeen 300 oo qof. Taasi waxay keentay in warshadihii ay ku guuldarraystaan inay xataa daboolaan mushaarka shaqaalahooda, iskaba daa faa'iido ay dhaliyaane.

3) Musuqmaasuq

Musuqmaasuqa oo ay dowladdii milaterigu billowgii la tacaalaysay ayaa dib u soo muuqday, asagoo ku faafay hay'adihii dowladda oo dhan. Musuqu wuxuu aad u soo xoogaystay wixii ka dambeeyay dagaalkii 1977 ee dhexmaray Soomaaliya iyo Itoobiya.

4) Sicirbarar

Isbixinla'aanta miisaaniyadda dowladda oo sii kordhaysay ayaa sababtay in Bangiga Dhexe uu soo daabaco lacag shilin Soomaali ah oo dheeraad ah, si loogu daboolo kharashaadka dowladda, taasoo keentay sicirbarar iyo qiimadhac ku yimid shilinka Soomaaliga. Tira badan oo ka mid ah shaqaalihii dowladda ayaa goostay inay u shaqa tagaan Sucuudiga iyo meela kale oo dalka dibaddiisa ah, ka dib markii uu ku fillaan waayay mushaarkoodu sicirbararka dartiis, taasina waxay keentay inay curyaamaan howlihii dowladdu.

5) Dagaalkii 1977

Hoosudhicii dhaqaale ee horeba u jiray waxaa uga sii daray dagaalkii 1977 ee ay Soomaaliya la gashay Itoobiya, kaasoo fuuqsaday lacagtii yarayd ee dalku haystay. Halkaas ayay ka timid jugtii ugu wayneyd ee dhaqaale ee si mug leh u saamaysay dowladdii milateriga.

6) Saamayntii Barnaamijka IMF

Billowgii hore, xukunkii kacaanku wuxuu lahaa siyaasad guud oo lagu hago horumarka dalka, taasoo uu saldhig u ahaa nidaamkii hantiwadaaggu. Haseyeeshee, dhibaatooyinkii dhaqaale iyo siyaasadeed ee ka dhashay dagaalkii 1977 ayaa saameyn ku yeesheen jihadii uu dalku u socday, ayadoo ay dowladdu lumisay hiigsigii guud iyo yoolashii dhaqaale ee ay tiigsanaysay. Eryeddii Midowga Soofiyeeti, oo ahaa damaanadqaadihii nidaamka hantiwadaagga caalamka oo dhan, waxay ku khasabtay Soomaaliya inay u wareegto nidaamka dhaqaale ee reer galbeedka. Sidaa darteed, 1980maadkii ayay hay'adaha mataanaha ah ee IMF iyo WB waxay Soomaaliya ka billaabeen barnaamij lagu furfurayo dhaqaalaha, kaasoo lagu magacaabi jiray 'Barnaamijka Dibuhabaynta Dhaqaalaha (*Structural Adjustment Program*).' 'Dibuhabaynta' waxay ka dhignayd in laga soo guurayay nidaamkii dhaqaale ee hantiwadaagga, kaasoo gelinayay gacanta dowladda dhammaan ilaha waxsoosaarka, islamarkaana dhaqaalaha dhammaantiis ka dhigayay mid ay dowladdu qorshayso.

Haddaba, si ay u hesho deyn lacageed ee horumarineed, barnaamijkani wuxuu ku khasbayay dowladda Soomaaliya fulinta shuruudo dhowr ah oo ay ka mid ahaayeen:

Hirgelinta siyaasado dhaqaale oo ku dhisan suuqa xorta ah

Dhimista shaqaalaha dowladda, lacagaha kabka ah iyo yaraynta kharashaadka kale ee dowladda, si hoos loogu dhigo isdhinka miisaaniyadda.

Gaaryeelidda shirkadihii ganacsi ee dowladda (shirkadihii la qarameeyay oo dib loogu celinayo gacanta shacabka).

Hoos-u-dhigidda qiimaha Shilin Soomaaliga

Fududaynta shuruucda maalgashiga.

Kaalmada la siinayay Soomaaliya waxaa qayb ka ahaa kabka mushaarka shaqaalaha. Haddaba, IMF waxay dalka keenaysay galley lagu iibin jiray gudaha dalka, si loogu daboolo mushaaarka shaqaalaha. Galleydaasi waxay waqtiyada qaar ku soo beegmaysay xilliga ay soo go'aysa middii dalka. Taasi waxay niyad jebisay beeraleydii gudaha, waxayna ugu dambayntii fadhiid ka dhigtay horumarkii dhaqaalaha iyo waxsoosaarkii dalka.

Guud ahaan, barnaamijka dibuhabaynta dhaqaalaha waxaa laga hirgeliyay dalal badan oo Afrikaan ah oo ay Soomaaliya ka mid ahayd, waxaana jira siyaasado iyo istiraatiijiyado ay u dejiyeen barnaamijkan dalalka reer galbeedka ee maalgeliya IMF iyo WB, kuwaasoo ay ugu talagaleen in lagu kobciyo dhaqaalaha waddamada saboolka ah. Siduu qabo xeeldheere Dr. Cali Ciise, dalalkaas waxaa loo qaybin karaa laba qaybood: qaar lahaa hiigsi dhaqaale, oo garanayay meesha ay socdaan, iyo qaar aan lahayn qorshe cad ama aan tilmaan fiican ka haysan halka ay u socdaan. Qolada dambe, oo ay Soomaaliya ka mid ahayd, kama ay faa'iidin barnaamijkan. Gaar ahaan, Soomaaliya, oo ku jirtay xaalad jahawareer ah, barnaamijkani wuxuu kaga tagey culays daymeed oo kaliya.

2.4. HABKA SHAQAALAYSIINTA

Marka laga hadlayo habka shaqaalaysiinta, dowladdii milaterigu waxay qaadatay siyaasadda ah inay dowladdu tahay "Looshaqeeyaha" ugu weyn. Dowladdaasi waxba kama ay beddelin darajooyinka shaqaalaha ee ay ka dhaxashay dowladdii ka horreysay ee rayidka.

Si loo ilaaliyo, loona horumariyo fursadaha shaqo ee shaqaalaha dalka, siyaasadaha la adeegsan jiray waxaa ka mid ah inaan la oggolaaan mashruuc ay shaqada qabanayaan mashiinno halkii dadka (capital intensive projects). Marka la eego dhaqaalaha dalalka soo koraya, mashaariicda noocaas ahi waxay saamayn taban ku leeyihiin dhaqaalaha dadka. Tusaaale ahaan, waqtigan la joogo, 10,000 oo qof oo ka mid ahaa shaqaalaha xamaaliga ee ka howlgala dekedda Muqdisho ayaa waayay shaqadoodii ka dib markii la casriyeeyay dekedda. Markii aad tiradaas u rogto inta qof ee ay nololmaalmeedkoodii saamaysay waxay noqonaysaa 100,000 oo qof.[49] Shaqaalahaas waxaa looga maarmay oo kaalintoodii buuxiyay mashiinno, sida wiishashka, iwm. Haddaba, in adeegyada la casriyeeyo waa arrin wanaagsan, balse waa in laga fekeraa saamaynta dhaqaale ee ka dhalanaysa mashaariicda dalka laga hirgelinayo, iyo gaar ahaan saamaynta adeegsiga tiknooloojiyada.

2.4.1 TABABARKA XIRFADLAYAAL MAALIYAADEED

Laga soo billaabo xilligii dowladihii hore ilaa maanta, oo dowlad-dhisid lagu jiro, shaqaalaha Soomaaliyeed marna ma helin barnaamij waxtar leh oo lagu kobcinayo aqoontooda iyo xirfaddooda, laguna daryeelayo noloshooda. Marka laga hadlayo kor-u-qaadidda xirfadda shaqaalaha iyo dhiirrigelintooda, waxaa loo baahanyahay in si joogta ah loogu kuurgalo xaaladda shaqaalaha, gaar ahaan waxqabadkooda, tiradooda iyo culayska

---

49 xamaaliyaasha way ilma badanyihiin: 10,000×10=100,000

shaqada, baahidooda tababar, iwm. taasoo ah mid aan aalaaba dhicin. Marka uu wasaaradda yimaado, wasiirka cusubi wuxuu adeegsadaa shaqaalaha jooga, si uu ugu fuliyo howsha markaas hortaal; dabadeedna laba sano ka dib ayaa la beddelaa, ayadoo xaaladda shaqaalaha ay tahay sidii uu ugu yimid. Sidaas ayay ku socotaa.

Xilliga hadda la joogo, oo uguba sii daran, marka la qoro shaqaale oo uu cusubyahay, ayadoo aan tababarkii uu u baahnaa la siinnin ayaa la howlgeliyaa. Waxaa ka sii daran, lama adeegsado waxa la yiraahdo "habka kalasarraynta shaqaalaha ee A B C D-da ku dhisnaa, oo waxaa dhacaysa in marka la qoro uu qofku asagu dalbado in darjada 'A' lagu qaato. Sidaas darteed, waxaa yar shaqaalaha haysta darajooyinka kale ee 'B, C, iyo D. Haddaba, waxaa iswaydiin mudan halka ay taasi na dhigayso. Taasi waxay keenaysaa in waxsoosaarka shaqaaluhu noqdo mid aad u liita. Marka taas lagu daro siyaasaddii canshuuraha oo aan weli dhammaystirnayn, iyo waxsoosaarka dhaqaale oo liita, waxaa muuqanaysa inaan goor dhow laga bixi doonin isbixinla'aanta miisaniyadeed ee weligeenba na haysatay (haba ugu liidato waqtigan duruufaha adagi jiraan), waddada loo marayo dowlad-dhisidduna ay noqon doonto mid dheer, faqriguna noqon doono mid ay dhidibbadiisu sii adkaadaan.

Waqtigan la joogo, dowladdu waxay heshaa kabmiisaaniyadeed loo qoondeeyay mushaarka shaqaalaha. Haddaba, waxaa adag in dowlad xaaladdeeda dhaqaale sidaas tahay ay qorshayso, fulisana mashaariic horumarineed. Si ay u hesho maalgelin dibadeed (deyn ama deeq), waa inay dowladdu ku filnaato bixinta kharashyadeeda caadiga ah. Mararka qaar, waxaa suuragal ah in culays la saaro dowladda, si loo hubiyo inay kayd u sameysanayso mashaariicda horumarineed ee mustaqbalka, iyo in dhaqaaluhu dhalayo kayd suuragelin kara bixinta deynta. Tusaale ahaan, haddii lagu siiyo waqti dheer, shan sano oo deyncafin ama deynbixin ah, waxaa la qiimaynayaa dhaqaalahaaga si loo ogaado bal inuu tarmay oo is beddel ka muuqdo iyo in kale marka ay dhammaato muddadaasi.

Marka laga hadlayo shaqaalaynta iyo bixinta mushaaraadka ee xilligan lagu jiro dowlad-dhisidda, waxaa mudnaan la siiyay ciidamada, taasoo ah talo sax ah, maxaayeelay nabadgelyadu waxay u baahantahay ciidan suurageliya, ciidankuna dhaqaale ayuu u baahanyahay. Haddii si kale loo dhigo, horumar bulsheed, nabadgelyo, awood sharci iyo dhaqaaluhu waa silsilad xiriirsan oo aanay jirin mid ay la'aanteed inta kale jiri karaan. Haseyeeshee, waa in la hubiyo in ciidamadu sameeyeen nabadgelyo u dhiganta mushaarka ay qaataan.

Mushaarka la siiyo shaqaalaha wuxuu abuurayaa wax la yiraahdo "awoodda wax-iibsashada" (*purchasing power*). Haddii dadka shaqaalaha ahi aanay wax lacag ah helin, ma awoodi karaan inay iibsadaan waxyaabaha aasaasiga ah sida: cuntada, biyaha, korontada iwm. Guud ahaanna, lacagta soo gasha qofka hantiilaha ah waxay aaddaa bangiyada, balse lacagta la siiyo qofka shaqaalaha ah waxay tagtaa suuqa, oo wareeg ayay gashaa. Halkaas waxaan ka fahmaynaa in shaqaalaysiinta dadku ay tahay siyaasad waxtar u leh dhaqaalaha. Haseyeeshee, waxaa lagama maarmaan ah inuu jiro waxsoosaar badan oo dowladdu ka hesho dakhli fiican, si loo shaqaaleeyo dad badan.

2.5. MAARAYNTA SUUQYADA DHAQAALAHA EE XILLIGII FOWDADA

Alle mahaddii, inkastoo ay dowlad la'aan ahaayeen, dadka Soomaaliyeed waxay ka badbaadeen inay ummad ahaan iyo nolol ahaamba u baaba'aan muddadii burburka. Taas waxaa ugu wacan dhowr sababood oo xiriir la leh kala duwanaanshaha u dhexeeya ayaga iyo ummadaha kale:

1. Xigtanimada

Xiriirka xagga dhiigga ah dartiis, Soomaalidu waa qaran is haysta oo isku xiran (*Homogenious*), dhaqan ahaanna ka duwan dadyowga kale. Wiilka jooga Bakaaraha wuxuu ka war hayaa abtigii oo jooga Boosaaso; mid kale oo Kismaayo jooga waxay isku xiranyihiin, oo isla ganacsadaan mid Xamar jooga. Haddaba, inkastoo ay dowladnimadii dhuntay, haddana shacbigii ma burburin, oo weli waa uu isku xiranyahay. Sidaas darteed, waxa ugu weyn ee ay Soomaalidu kaga duwantahay bulshooyinka kale, islamarkaana Allaha Weyni ku badbaadiyay waa inay tahay xigaala-ku-nool, halka ay dadyowga kale u badanyihiin dowladkunool. Tusaale ahaan, haddii nidaamka dowladeed ee ka jira Faransiiska ama Jarmalka uu burburo, dadyowga dalalkaasi ma noolaan karaan inta Soomaalidu noolayd in la eg, maxaayeelay xukunka ay hoos joogaan kuma dhisna istaakulayn bulsho ee wuxuu ku dhisanyahay nidaam dowladeed, sida xisbiyo, maamul degaan iwm. kuwaasoo haddii ay dumaan ay nolosha dadkuna la dumayso.

2. Kaalinta Ganacsatada

Ganacsigu wuxuu ka mid yahay waxyaabaha caymiyay nolosha dadweynaha muddadii lagu jiray burburka. Waxaa samaysmay kooxo ganacsata ah, kuwaasoo danahooda ganacsi oo isku xiran darteed ay dhexmartay wadashaqayn iyo waxwadaqabsi gobollada dalka oo dhan. Iskuxirnaantaas ayaa keentay in loo bixiyo "Ganacsatada aan Xuduudka Lahayn". Gobol kasta ha joogeene, waa ay wada shaqaynayeen waagii la kala xirxirnaa oo uu isusocodku yaraa, marka laga reebo Soomaaliland oo iyadu lacag u gaar ah samaysatay.

Ganacsatadaas oo saldhiggoodu yahay Suuqa Bakaaraha, waxay qaateen doorkii Bangiga Dhexe, oo ayaga ayaa ilaaliya lacagta; waxayna awoodeen inay shilinka ku hayaan heer macquul ah oo uu kula falgali karo lacagaha qalaad. Waa mid caqligu fahmi karo sida ay ugu suuragashay inay maamulaan maaliyadda dalka, ayagoo aan haysan awooddii dowladeed, oo waxay ogyihiin in dhaqaaluhu burburayo haddii ay lacagtu baaba'do. Qaarkood waxay ku shaqeystaan sarrifka oo ah qayb muhiim ah oo suuqyada maaliyadda ka mid ah, kaasoo si weyn ugu tiirsan lacagaha ka soo gala dibadda ee lagu kaalmeeyo qoysaska ku nool gudaha dalka, taasoo qiyaas ahaan gaari karta hal billion? oo dollar sannadkiiba. Maaddaama dantoodu ku jirto inaysan isbeddelin awoodda wax-iibsasho ee lacagtaas, waxay ilaalinayaan heerkeeda sarrifka.

2.6. SIYAASADDA DHAQAALAHA IYO DIBUDHISKA DOWLADNIMADA

Sida wax kasta oo kale oo ay dowladdu wadday, dhaqaalaha Soomaaliya wuxuu burburay markii ay burburtay dowladnimadu. Haseyeeshee, burburka dhaqaale wuxuu soo billowday intii ay dowladdu jirtay, oo waxaa aasaas u ahaa lacagtii Kunka Shilin ee ugu horraysay, taasoo la soo daabacay sannadkii 1975. Lacagtaas waxaa la soo daaabacay ayadoo aan la hayn kayd lacageed oo lagu difaaco (*reserve*), taasina waxay keentay sicirbarar. Go'aanka waxaa qaadatay dowladda dhexe oo baahi lacageed ay markaas haysay. Balse Bangiga waxaa la gudboonayd inuu ka horyimaado go'aankaas, maaddaama uu ahaa hay'ad madaxbannaan. Taas ayaa ahayd billowgii dhibaatada dhaqaale ee dalka aafaysay. Waxayse ka sii dartay arrintu markii uu dhacay burburku, nidaamkiina lumay. Shakhsiyaad ganacsato ah ayaa billaabay inay soo daabacdaan lacag been abuur ah, taasoo ilaa maanta la adeegsado.

Inkastoo uu hadda socdo dadaal dib loogu soo celinayo hay'adihii baaba'ay ee dowladnimada, haddana dalku weli ma laha nidaam dhaqaale oo midaysan, oo gobol waliba iskiis ayuu dhaqaalihiisa iyo noloshiisa u maareeyaa, taasna waxaa qayb ahaan sabab u ah fahamka gaaban ee laga qaatay habka federaalka ee aan qaadaannay, kaasoo aad mooddo in loo fahmay madaxbannaani dhinac walba ah – dhaqaale, siyaasad, arrimo bulsho iyo wax kasta. Balse waxaa dhab ah inuusan caddayn nooca federaalka ah ee dalku qaatay, kaasoo saamayn ku leh nidaamka dhaqaalaha dalka. Taas ayaa sabab u ah inaan qaybihii dhaqaaluhu (*economic sectors*) isla socon karayn.

Dhinaca kale, tartankii ganacsiga ee ay dowladdii milaterigu xakamaysay wuxuu noqday mid furfurmay. Gaar ahaan, horumar ballaaran ayaa laga sameeyay dhinaca warisgaarsiinta burburka ka dib, taasina waxay ka timid saamaynta horumar tiknoolojiyadeed oo si guud caalamka uga dhacday. Waagii hore, markii loo baahdo in cid lala xiriiro dalka gudihiisa waxay ahayd in boostada la aado, oo hal meel ayaa laga heli karay adeegga telefoonka gobol kasta, ayadoo xiriirka dibaddana laga heli karay Xamar oo kaliya.

Waxaa kaloo muddadaas kobcay adeegga maaliyadeed ee gaarka loo leeyahay, gaar ahaan bangiyada.

Haseyeeshee, waxaa hadda badankiisu baaqdaa dakhligii ay dowladdu ka heli lahayd ganacsiyadaas faraha badan ee gaarka loo leeyahay. Tusaale ahaan, warisgaarsiinta waxaa ku baaqata malaayiin dollar oo canshuur ah sannad kasta. Qiyaastii, lacag u dhiganta labajibbaar miisaaniyadda dowladda ayaa laga heli kari lahaa haddii toos loo canshuuri lahaa warisgaarsiinta. Sidoo kale, waxaa adag in la canshuuro bangiyada ay xafiisyadoodu waaweyni ku yaallaan dalka dibaddiisa.

Dakhliga ay hadda hesho Dowladda Dhexe ee ay ku bixiso qaar ka mid ah kharashyadeeda wuxuu ka yimaada Dekedda iyo Garoonka Muqdisho oo kaliya, inkastoo uu culays maaliyadeed saaranyahay, oo laga sugayo daryeelka ciidamada, abuuridda shaqooyin badan iyo horumar dhaqaale. Mar haddii laga soo gudbay soddon sano oo dagaal sokeeye ah, waxaa la joogaa xilligii dib loo fekeri lahaa, oo la is weydiin lahaa sida lagu heli karo dowlad Soomaaliyeed oo dalka oo dhan ka howlgasha, kana gudubta Xamar iyo daafaheeda.

Caqabadaha dhaqaale ee uu maanta dalku wajahayo waxaa kaloo ka mid ah inaysan jirin lacag midaysan, taasoo muhiimad weyn u leh dhaqaalaha. Dhibaatada ma aha daabicidda lacagta, balse waxay ka jirtaa hirgelinta iyo sticmaalka, maxaayeelay waxaa lagama maarmaan ah in la helo dowlad dalka oo dhan maamusha, si uu isticmaalka lacagtu dalka oo dhan uga dhaqangalo isku mar. Midda kale, waxaa jira shuruudo muhiim u ah daabacaadda lacag cusub, kuwaasoo ay ugu muhiimsantahay in dhaqaaluhu fiicanyahay oo uu dalku leeyahay kayd lacageed, maxaayeelay lacagtu waxay u baahantahay lacag kayd ah oo iyada ilaalisa.

Run ahaantii, dalka waxaa soo gaaray dibudhac dhaqaale muddadii lagu jiray burburka, kaasoo aan si fudud looga soo kaban karin. Waxaa baaba'ay ama la bililiqaystay agab iyo qalab muhiim u ahaa waxsoosaarka dalka. Tusaale ahaan, Warshaddii Sonkorta ee Mareerray waxay sanadkiiba soo saari jirtay uguyaraan 100,000 – 150,000 tan oo sonkor ah. Waxaa dhibaatada sii fogeeyay muddada dheer ee ay qaadatay in dib loo soo celiyo dowladnimada, heer ay gaartay in raadkeedii tirtirmo. Waa qaranjab ay eersigiisa koowaad ay Soomaalidu leedahay, waxaase badan dadka ayagu gacantooda ku dumiyay ee haddana shisheeyaha ku eedaynaya.

Si kastaba ha ahaatee, dhismaha dowladnimadu waa mid hadda socda, gaabisba ha ahaadee. Laga soo billaabo Shirkii Carta ee lagu soo dhisay Dowladdii Kumeelgaarka ahayd, marba wax uun baa lagu darayay, balse weli lagama gudbin caqabadihii oo dhan.

2.7 MAAMULKA DHAQAALAHA IYO BANGIYADA

Guud ahaan, maamulka dhaqaalaha iyo bangiyadu wuxuu leeyahay laba siyaasadood oo lagu maamulo: Siyaasadda Lacagta iyo Siyaasadda Maaliyadda. Siyaasadda lacagta ee qaranka waxaa mas'uul ka ah Bangiga Dhexe, oo u xilsaaran howlaha: (i) kormeerka iyo laxisaabtanka bangiyada ka howlgala dalka, (ii) samaynta iyo jaangoynta lacagta (shilinka), (iii) ladagaallanka sicirbararka, (iv) tababarka shaqaalaha bangiyada, iyo (v) maamulka iyo maaraynta habka daymaha qaranka. Dhinaca kale, siyaasadda maaliyadda waxaa mas'uul ka ah Wasaaradda Maaliyadda oo u xilsaaran qorshaynta miisaaniyadda dalka, ayadoo islamarkaas uu ku xiranyahay guud ahaan dhaqaalaha dalku, maxaayeelay qorshaha miisaaniyadda waxaa qayb muhiim ah ka ah qorshaha dhaqaalaha dalka. Sidaas darteed, qorshaynta dhaqaalaha iyo qorshaynta miisaaniyaddu waa laba howlood oo aan kala maarmayn.

Haseyeeshee, marka la eego siyaasadda dowladdii hore, hawshaas waxaa loo kala qaybiyay laba wasaaradood oo ay midi qaabilsanayd maaliyadda, midda kalena dhaqaalaha; taasina waa mid la samayn karo, balse waxaa lama huraan ah in labada wasaaradood ay yeeshaan wadashaqayn dhow.

Miisaaniyaddu waxay leedahay laba qaybood. Midi waxay la xiriirtaa kharashyada dowladda ee joogtada ah; midda kale waxay la xiriirtaa kharashyada ku baxaya mashaariicda horumarineed ee lagu kordhinayo koboca dhaqaalaha, kuwaasoo ay tahay inay soo diyaariyaan wasaaradaha dowladda, oo ay xiriirinayso Wasaaradda qorshayntu. Markaa ka dib ayaa labadaas qaybood ee miisaaniyadda qaranka la mideeyaa. Haddaba, in kastoo loo kala qaadi karo labo wasaaradood, haddana shaqa-ahaan waa howlo isku xiran oo aan la kala saari karin, oo xataa cilmi ahaan, marka laga dhigayo jaamacadaha, waxaa loogu yeeraa "Maaliyadda iyo Qorshaynta."

Marka laga hadlayo maaraynta daymaha, dowladda waxay la mid tahay qof mushaar qaata, oo sida qofkaasi u maamulo dhaqaalihiisa ee uu ugu baahanyahay inuu dakhligiisa iyo qarashkiisa isla ekayasiiyo si la mid ah ayay tahay inay u dhaqanto dowladdu. Sidaas awgeed, waa inay si bille ah ugu caddahay miisaaniyadda dowladda meesha lagu bixiyay iyo sida loo isticmaalay deymaha ay dowladdu qaadato ee ka imaanaya gudaha ama dibadda.

Deymuhu waxay culays ku noqdaan dhaqaalaha iyo horumarka dadka marka la maarayn waayo. Waxaa muhiim ah in la ogaado in Soomaaliya, laga soo billaabo hanashadii dowladnimada, aysan jirin mar ay miisaaniyaddu is bixisay, oo ay dowladdu awoodday bixinta kharashyadeeda caadiga ah, haba sheegin kayd lacageed oo loo adeegsado mashaariicda horumarinta. Sidaa darteed, miisaaniyadda dowladdu waxay ahayd mid mar walba lagu kabi jiray deeqo ama deymo ay shisheeye bixiyeen. Taas waxaa lagu sababayn karaa koboca dhaqaalaha dalka oo hooseeyay. Si kale haddii loo dhigo, waxa aan isticmaalno ayaa ka badan waxsoosaarkeenna.

Aragti ahaan, dhaqaalaha saxda ah wuxuu yahay in koboca dhaqaalaha dalka uu la jaanqaado koboca tirada dadka. Haddii taas lagu guuldarraysto waxaa hubaal ah in dadkeennu uu wajahayo gaajo. Xaqiiqadaas ayaa sharxaysa sababta aan mar walba ugu tiirsannahay kaalmo dibadeed, taasoo saamayn xun ku leh madaxbannaanideenna.

Sidaas darteed, waxaa lagama maarmaan ah in dalku lahaado kayd lacageed, si awood loogu yeesho in la maalgeliyo mashaariicda horumarineed ee dhaqaalaheennu u baahanyahay si uu u sameeyo koboc fiican. Taas waxaa suuragelin kara qorshe baykhaamineed, kaasoo dalbaya inaan kaydsanno qayb ka mid ah waxa aan soo saarno. Waxaan u baahannahay inaan dibadda u dhoofinno qayb ka mid ah waxsoosaarkeenna, si aan u helno lacag adag oo aan ku soo iibsanno waxyaabaha aan soo dhoofsanno, sida: warshado, qalabka dayactirka, tiknooloojiyada, iwm. Waqti ka mid ah xilligii dowladda milateriga ayaan ku dhowaannay inaan gaarno isudheellitirka qiimaha guud ee alaabta aan dibadda ka soo degsanno iyo midda aan dhoofinno, taasoo ah yool dhaqaale oo ay dalalku higsadaan si ay isugu fillaadaan. Nasiibdarro, taas lama sii adkayn, oo durba hoosudhac dhaqaale ayaa billowday.

Waxaa kaloo nasiibdarro ah in maanta dibadda laga soo dejinayo alaab ama cunto ku nooc ah waxsoosaarkeenna. Waxyabahaas waxaa ka mid ah cunto ay ka midyihiin: yaanyada, digirta, bariiska, iwm. Taasi waxay keenaysaa gaabis iyo niyadjab ku dhaca waxsoosaarka gudaha, taasoo sii kordhinaysa shaqa la'aanta baahsan ee horeba u haysatay dadkeenna, iyo sidoo kale, baaba' ku yimaada dhaqaalaheennii awalba liitay.

Xilligan la joogo, qiyastii kalabar miisaaniyadda dowladda waxay ka imaanaysaa kab miisaaniyadeed oo deeq ah. Haddaba, isbixin la'aantaas miisaaniyadeed, iyo dheellitir la'aanta waxa aan dhoofinno iyo waxa aan soo dhoofsanno ayaa sal u ah dhibaatada ugu weyn ee dhaqaalaheenna haysata. Intaa waxaa dheer, waxa yar ee aan heysanno uma isticmaalno si hufan.

Haddaba, si maalgelin loogu helo mashaariicda horumarineed ee lagu dhisayo kaabayaasha dhaqaalaha, sida: jidadka, buundooyinka, kannaallada waraabka, biyaxireennada, ceelbiyoodyada, iwm waa in marka hore la gaaro iskufillaansho ku saabsan kharashyada caadiga ah.

 2.7.1 **SIDA AAN KU GAARI KARNO ISKUFILNAANSHO**

Mas'uuliyadaha dowladda waxaa ka mid ah inay xaqiijiso in dadkeedu ku filnaadaan daboolidda baahiyahooda. Taasi waxay ku iman kartaa laba hab oo dowladnimo midkood:

1) Dowlad hantidwaag ah oo dadkeeda siinaysa cuntada, biyaha iyo wax kasta oo kale oo ay u baahanyihiin.

2) Habka labaad waa dowlad dhaqaalaheedu ku dhisanyahay suuqa xorta ah, kaalinteeduna ku egtahay tilmaamidda, taakulaynta, hagaajinta, tababarrada, iyo sharci-u-samaynta maalgashiga gaarka loo leeyahay.

Nidaamka hore waa mid ku sii yaraanaya dunida maanta, islamarkaana aan la jaanqaadayn dhaqanka Soomaalida. Sidaas darteed, dowladdu waa inay muhiimad gaar ah siiso dhiirrigelinta, gacansiinta iyo ilaalinta maalgashiga iyo hantida gaarka loo leeyahay. Waxaa xusid mudan in waxa keli ah ee maanta waddanku ku taaganyahay uu yahay dhaqdhaqaaqa hantileyda Soomaaliyeed, kuwaasoo dhab ahaantii shaqa fiican qabtay.

Soomaali haddii aan nahay, waa inaan isweydiinnaa sababta aan faqri u nahay iyo meesha ay dhibaatadu nooga timaaddo. Waa in aan iswarsannaa: maxay waddamada kale nooga horumarsanyihiin? maxayse yihiin waxa suuragelinaya in dhaqaalahoodu naga fiicanyahay?

Arrin muhiim ah oo maqani waxay tahay siyaasad dowladeed oo midaysan oo hagta dhaqaalaha dalkeenna, islamarkaana qorshaysa waxa aan soo saaran karno iyo waxa aan dhoofsan karno. Hay'adaha maamula dhaqaalaha (Bankiga Dhexe iyo Wasaaradda Maaliyadda); iyo kuwa waxsoosaarka (Wasaaradda Beeraha, Xannaanada Xoolaha iyo Warshadaha, iwm) ayay tahay in howlahooda loo sameeyo isuduwid iyo xiriirin, islamarkaana loo helo dad ku habboon oo khibrad iyo aqoon u leh howshaas, ayadoo hay'ad kasta lagula xisaabtamayo kaalinteeda. Waa in la fahmo sida hay'adaha dowladda u wadashaqeeyaan, isugu xiranyihiin, isuna kaabayaan. si waxqabadkoodu u noqdo mid gaari kara heerka laga filayo.

Midda kale, waddanku waa inuu yeesho kayd lacageed oo lagu maalgeliyo mashaariicda horumarinta ee loogu talagalay kobcinta dhaqaalaha. Si taas loo gaaro, waa in la yareeyo isticmaalka, lana kordhiyo kaydka lacagta. Tusaale ahaan, maanta waxaan leennahay konton safaaradood, ayadoo dadka ku nool magaalooyinkeenna waaweyn, sida Muqdisho iyo Hargeysa aysan heli karin biyo la cabbo oo ku filan oo nadiif ah. Dowladdu waa inay mudnaanta siiso waxkaqabashada iyo kajawaabidda baahiyaha taabanaya dadweynaha, sida: caafimaadka, waxbarashada iyo tababarka xirfadleyda; dhismaha jidadka, ceelbiyoodyada, buundooyinka, biyaxireennada, habka wasakhfogaynta, shaqaalaysiinta, iwm.

Xiriirka ka dhexeeya shacabka iyo dowladda wuxuu mar walba ku dhisanyahay bixin iyo kucelin. Shacabku wuxuu dowladda u dhiibtaa wax ka mid ah waxa uu soo saaro, si ay ugu qabato shaqooyinka aan soo sheegnay. Haddaba, guusha iyo guuldarrada dowladdu waxay ku xirantahay hadba sida ay uga soo baxdo xilkaas. Taasi waa siyaasadda dhaqaale ee loo baahanyahay in laga dhigo jaamacadaheenna.

Bangiyada iyo siyaasadda lagu maamulayo waxaa mas'uul ka ah Bangiga Dhexe, kaasoo shaqoyinkiisa ay ka mid tahay inuu lacag soo saaro, kana warqabo bangiyada kale ee dalka ka howlgala (miisaaniyaddooda, deynbixintooda, waxa lagu maalgeliyo amaahda ay bixinayaan: ma beeraha ayay maalgeliyaan, ma dalxiis ayay maalgeliyaan, ma warshado ayay maalgeliyaan, iwm). Hubinta in Bangiyada gaarka loo leeyahay ay bixiyaan maalgelin waxtar u leh waxsoosaarka dalka ayaa ah siyaasad halbowle u ah koboca dhaqaalaha dalka, maxaayeelay haddii ay bangiyadu maalgeliyaan waxyaabo aan wax weyn ku kordhinayn dhaqaalaha dalka, sida dhismaha guryaha, iwm, waxay ka dhigantahay khasaare. Siyaasaddaas waxaa loo yaqaannaa "Siyaasadda Amaahda Qaranka", taasoo ay lagama maarmaan tahay inuu dalku yeesho.

Waxaa yididiilo leh in Bangiga Dhexe uu hadda yahay mid ay ku socoto dibuhabayn fiicani, ayadoo la casriyeeyay shuruucdii uu ku shaqayn jiray, islamarkaana loo qoray saraakiil aqoon fiican leh. Bangigu wuxuu billaabay inuu xiriir la sameeyo bangiyada ganacsiga, si ay isaga warqabaan. Haddaba, inkastoo uu jid dheeri sugayo, haddana waxaa socota shaqo fiican oo ku wajahan sidii Bangigu uu lugisiisa isugu taagi lahaa.

Haseyeeshee, waxaa gaabis weyni ka jiraa dhinaca Wasaaradda Maaliyadda, halkaasoo aan la dhammaystirin dibuhabayntii loo baahnaa, gaar ahaan siyaasadda canshuuraha oo ilaa iyo billowgii geeddisocodka dibudhiska dowladnimada gacanta lagu hayay. Shuruucda canshuuraha ee hadda lagu shaqeeyo, oo ah kuwo gaboobay, waxaa ka mid ah qaar la sameeyay 1938 (xilligii gumaysiga), qaar la sameeyay 1980 iyo kuwo la sameeyay 1990. Inkastoo ay sidaas tahay, haddana dowladdu waxay ururinaysay canshuur laga soo billaabo sannadkii 2012. Muddadii lagu guda jiray dowlad-dhisidda, Wasaaradda Maaliyadda, oo ay soo mareen wasiirro kala duwani, marna iskuma ay deyin inay si nidaamsan u hagaajiso siyaasadda canshuuraha ee dalka, si loola jaanqaado isbeddellada ku yimid kororka dadka, tacliinta, dhaqaalaha iyo siyaasadda. Balse waxaa socda qorshe lagu mideynaayo canshuuraha dekadaha, kaasoo aan weli lagu guulaysan.

Dhinaca kale, habka loo canshuuro alaabta soo degta ayaa ah runtii mid aan cilmiyaysnayn, oo waxaa lagu saleeyaa qiyaas ama kudladayn., sida: baabuur weyn, baabuur yar, loor weyn iyo loor yar, iwm. Run ahaantii, habcanshuureedka noocaas ah waxaa ku lumaya dakhli badan oo soo xaroon lahaa; waxaa kaloo uu fududayn karaa masuqmaasuq ku yimaada habka canshuuraha. Marka la eego habka caalamku isticmaalo, canshuurta waxaa lagu saleeyaa qaansheegta, taasoo muujinaysa qiimaha lagu soo gaday alaabta, qarashka lagu soo raray, haddii uu caymis ku jiray, iwm.

Guud ahaan, canshuurta waxtarka u ah waddanka waa midda ka timaadda waxsoosaarka gudaha, gaar ahaan canshuurta la saaro faa'iidada ay sameeyaan shirkadaha gaarka loo leeyahay. Tusaale ahaan, shirkadda weyn waxaa la saaraa afar canshuurood oo kala duwan: (1) canshuurta diiwaangelinta (2) canshuurta faa'iidada (3) canshuurta mushaarka shaqaalaha iyo (4) canshuurta iibka.

Canshuurta oo si dhammaystiran looga qaado shirkadaha waxay mug u yeelaysaa dakhliga gudaha. Haseyeeshee, tabaryarideeda awgeed, dowladda hadda jirta ma hirgelin karto siyaasad canshuur oo dhammaystiran, waana caqligal in si tartiibtartiib ah loo gaaro yoolkaas, ayadoo tabar la taagsanayo; balse dhaliisha muuqata waxay tahay inaan howl ku filan laga qaban dibuhabaynta siyaasadda canshuuraha, taasoo ah mid haddaba la awoodo.

Dhaqaalaha tabarta yar ee maanta waa mid xooggiisu ku tiirsanyahay lacagta ay qurbajoogtu u soo dirto qoysaska iyo ehellada. Taas lafteeda ayaan ahayn mid sii jiri karta, sababta oo ah dhibaatooyinka caalamiga ah, sida cudurka Karoonaha iyo dagaallada, sida kan *Ukraine* ayaa saamayn weyn ku yeelan kara dhaqaalaha adduunka. Dowlad uu dhaqaalaheedu ku suganyahay xaaladda sidaas ah lagama filan karo inay ka soo baxdo waajibaadkeeda. Sidaa darteed, dadkeennu waxay wajihi doonaan gaajo daran haddii aan la qaadin tallaabooyin degdeg ah oo lagu xoojinayo dhaqaalaha dalka.

2.8	TAARIIKHDA IYO KAALINTA WASAARADDA QORSHAYNTA

Wasaaradda Qorshaynta waxaa la aasaasay 1960, oo ku beegnayd dhalashadiii xorriyadda, waxaana lagu billaabay agaasin la dhihi jiray "Agaasinka Qorshaynta iyo Istaatiistikada Qaranka", kaasoo hoostagi jiray xafiiska Ra'iisulwasaaraha.

Balse, sannadkii 1975 ayaa laga dhigay wasaarad buuxda; waxaana kor loo qaaday awooddeeda, ayadoo la ballaariyay xafiisyadeedii iyo shaqaalihii, tira ahaan iyo taya ahaanba. Maaddaama uu qaatay hantiwadaag, xukunkii milaterigu wuxuu aad xoogga u saaray xoojinta Wasaaradda, maxaayeelay hantiwadaaggu waa nidaam maamul ahaan si weyn ugu tiirsan qorshaynta, maaddaama ilaha muhiimka ah ee waxsoosaarka oo dhami ay yihiin kuwa ay dowladdu leedahay.

Haddaba, maxay qabataa Wasaaradda Qorshayntu? Guud ahaan, Wasaaradda Qorshayntu waa meesha laga hago waddanka. Waxay ururisaa xogta waddanka, waxaana ka howlgala farsamayaqaanno maskaxdooda iyo fikirkoodu sarreeyo. Wasaaraddani waxay soo saartaa xogta fududaysa go'aannada dhaqaale, waana meesha laga hago guud ahaan dalka marka la eego siyaasadda dhaqaalaha iyo horumarka, ayadoo samaysa barnaamijyada horumarineed oo dhan. Waxay si toos ah ula shaqaysaa hay'adaha waddanka ka jira oo dhan, gaar ahaan wasaaradaha iyo hay'adaha kale ee dowliga ah, iyo kuwa aan dowliga ahayn.

Eryiddii Midowga Soofiyeeti ka hor, khubaradii shisheeye ee reer galbeedka iyo kuwii reer bariga, oo uu tartan ka dhexeeyay dagaalkii qabooba dartiis, ayaa u soo kala hormarayay Wasaaradda, si ay saamayn ugu yeeshaan.

Haseyeeshee, muhiimaddii Wasaaraddu waxay hoos u dhacday siddeetamaadkii, markaasoo dowladdii kacaanku ay u wareegtay dhinaca reer galbeedka, maaddaama ay khasab ahayd in la sameeyo isbeddello dhaqaale, ayadoo laga guurayay nidaamkii hantiwadaagga oo dhaqaaluhu ahaa mid ay qorshaynayso dowladdu, loona guurayay nidaamka dhaqaale ee ku dhisan suuqa xorta ah. Wagaas ayay qaadatay magaca "Wasaaradda Qorshaynta iyo Xiriirinta". 'Xiriirinta' waxaa loola jeedaa waxay xiriirisaa howlaha hay'adaha caalamiga ah.

Awoodda Wasaaraadda Qorshayntu waxay ku xirantahay shaqaalaha leh xirfadda loo baahanyahay ee ay haysato. Run ahaantii, waa hay'ad muhiiimad weyn u leh qaranka.

Waajibaadka Wasaaradda, oo hadda loo bixiyay "Wasaaradda Qorshaynta, Maalgashiga iyo Horumarinta Dhaqaalaha", waxaa xuddun u ah samaynta iyo dabagalka qorshaha iyo barnaamijka horumarinta dhaqaalaha dalka. Qorshuhu wuxuu ka imaanayaa qaybaha iyo hay'adaha kala duwan ee ku lugta leh horumarka dhaqaalaha, kuwaasoo isugaynta qorshayaashoodu ay noqonayso qorshaha qaranka. Tusaale ahaan, Wasaaradda Biyaha waxay soo gudbinaysaa tirada ceelasha ay qorshaynayso iyo meelaha ay ka qodayso. Sidoo kale, Wasaaradda Beeruhu waxay soo gudbinaysaa beeraha ay qorshaynayso inay gaarsiiso habka waraabka muddada qorshuhu koobayo, iwm. Marka ay wasaarad walba qorshaheeda keento ayay Wasaaradda Qorshayntu samaynaysaa mudnaanta barnaamijyada qaranka.

Marka qorshaha la dejinayo waxaa la qaydaa qaybaha qorshuhu ka koobnaan doono, sida: arrimaha bulshada, beeraha (beeraha, xoolaha iyo kalluumayisga), tamarta, kaabayaasha dhaqaalaha, iwm. Haddaba, maaddaama mid kasta oo qaybahaas ka mid ah uu hoostegayso wasaarad gaar ah, waxaa fudud in wasaaraduhu ay soo gudbiyaan qorshahooda, oo ku salaysan muddada qorshaha qaranka ee la qayday (shan sano, toban sano, iwm). Marka wasaaradaha oo dhami qorshaha soo gudbiyaan, waxaa la qabanayaa dood lagu aqoonsanayo mudnaanta, taasoo ay ka qaybgalayaan wasaaraduhu.

Sideedaba, samaynta qorshe qaran waxay muhiim u tahay dalalka soo koraya ee aan haysan khayraad ballaaran, ama aan heli karin maalgelin ku filan dhammaan mashaariicda horumarineed ee ay u baahanyihiin. Sidaas darteed, qorshaha qaranku wuxuu fududaynayaa cayimidda baahiyaha qaranka ee hortebinta leh. Taasi waxay suuragal ka dhigaysaa in waxa yar ee la haysto loo isticmaalo si dhaqaaleyn leh. Tusaale ahaan, baahiyaha hortebinta leh waxaa mar walba ka mid noqonaya biyaha, korontada, fidinta ama kordhinta waxsoosaarka beeraha (dhul cusub oo beeraha lagu fidiyay, farsamooyin beerashada oo cusub, iwm).

Soomaaliya marka la eego, qorshihii qaran ee ugu horreeyay waxaa la sameeyay sannadkii 1960. Qorshahaa, oo loo bixiyay *"shopping list"* baahiyaha tirada badan ee uu ka jawaabayay darteed, wuxuu ku soo aaday ayadoo gumaysi laga soo baxay oo ay dowladnimadu cusubtahay, sidaas dareedna filashadu aad u sarraysay, oo dowladda laga sugayay waxqabad ballaaran. Maaddaama aan waagaas dalku lahayn dad leh aqoonta iyo khibradda ay u baahnayd howshaasi, khabiir u dhashay dalka Pakistan, oo lagu magacaabi jiray "Qorayshi", una shaqayn jiray Qaramada Midoobay, oo inta badan laga heli jiray xogta lagu dhisayo qorshaha qaranka, ayaa sameeyay qorshahaas oo ahaa 5 sano: 1963 – 1967. Khabiirka waxaa loo sharxay waxyaabihii ay dowladda jeclayd inay qabato (dhismaha jidad, ceelbiyoodyo, kannaalada waraabka, iwm), dabadeedna qorshihii ayuu isku dubbariday, asagoo ka soo saaray buug weyn.

Haseyeeshee, dhibaatada dowladda haysatay waxay ahayd inaysan lahayn awooddii lagu fulin lahaa qorshahaas horumarineed ee ballaaran, maaddaama hay'adaha dowladdu ay markaa ahaayeen kuwo cusub oo aan heli karin shaqaalihii xirfadda lahaa ee mashaariicdaas fulin lahaa iyo khibraddii lagu maamuli lahaa midna. Taasi waxay la mid tahay adigoo gostay cad aadan liqi karin. Sidaas darteed, marka laga hadlayo qorshaha qaranka, waxaa jira wax la yiraahdo 'awoodda liqidda', oo looga jeedo inaad leedahay awooddii aad ku fulin lahayd qorshaha. Maalgelinta qorshahaasi waxay socotay muddo dheer, oo ilaa markii ay dowladdu dhacaysay 1991 lacago deyn ah oo qorshihii waagaas la sameeyay la xiriira ayaa Soomaaliya la siin jiray. Taasi waxay muujinaysaa sida kartida fulinta ee dowladu uga hoosaysay heerkii la rabay ee suuragelin lahaa in qorshahaasi ku fulo waqtigiisii.

Sidoo kale, dowladdii kacaanku waxay 1970kii samaysay qorshe qaran ee horumarineed oo seddax sano ah: 1971 – 1973. Haseyeeshee, guud ahaan qorshayaashii kacaanku waxay noqdeen kuwo aan miradhalin sababaha soo socda dartood:

1) Xogaha lagu dhisayay qorshayaasha badankeedu ma ahayn mid dhab ah oo laga soo uruuriyay goobihii xog-ururinta, oo waxay u badnaayeen kuwo qiyaas ku dhisan.

2) Lacagta lagu fulinayay qorshayaasha wuxuu badankeedu ku salaysnaa yabooh shisheeye, kaasoo in badan oo ka mid ah aan laga dhabayn. Guud ahaan, way adagtahay inuu u fulo sidii loogu talagalay qorshe maalgelintiisu aysan 70% ku tiirsanayn dakhliga gudaha.

2.8.1   WAAXDA TIRAKOOBKA

Tirabkoobka ama istaatiistikadu waa waax aad muhiim u ah oo

hoostegi jirtay Wasaaradda Qorshaynta, inkastoo ay hadda noqotay haya'ad madaxbannaan.

Waxaa xaqiiq ah inaan xogla'aan qorshe la samayn karin. Tusaale ahaan, haddii la rabo in degmo laga sameeyo mashruuc horumarineed, waxaa lagama maarmaan ah in la helo xogta dadka ku nool degmadaas. Kaliya ma aha tirada markaas ku nool ee xitaa waa in la qiyaasaa koritaanka dadka ee mustaqbalka, maxaayeelay meeshii tirada dadku aad u kobcayso waxaa loo qorsheeyaa mashaariic ballaaran, halka meesha dadka ku yaryahay ama aan la filayn in koboc sidaas ahi ka jiri doono loogu talagalo wax la eg oo mashaariic ah. Xogtaas kutalagalka leh ayaa lagu dhisaa qorshaha horumarineed ee qaranka. Taas waxaa loo yeelayaa in kheyraadka yar ee la haysto sida ugu fiican looga faa'iidaysto darteed. Tusaale ahaan, haddii aad dugsi ka dhisto meel aan carruuriba joogin, lacagtii lagu dhisay dugsigaasi waxay noqonaysaa mid khasaartay. Haddaba, qorshaha qaranku waa mid u baahan jaangooyada noocaas ah.

Marka laga reebo dowladdii milateriga, oo go'aanno istiraatiijiyadeed oo micna leh qaadatay, samaysayna tirakoobka dadka iyo xoolaha dalka oo dhan, ilaa hadda ma jirto xog tirakoob oo la sameeyay.

Tirakoobkii ugu horreeyay wuxuu dhacay 1974 -1975, waxaana la tirakoobayay dadkii iyo xoolihii ku noolaa Jamhuuriyaddii Soomaaliya. Tirakoobkaas waxaa qayb libaax ka qaatay dadkii ka qaybgalayay barnaamijkii 'Ololaha Horumarinta reer Miyiga' ee dhacayay isla sannadkaas, oo ka koobnaa ardaydii dhiganaysay dugsiga dhexe iyo macallimiintii, kuwaasoo loo diray dhulka baadiyaha ah, si ay far Soomaaliga u baraan dadka reer miyiga ah. Ayagoo shaqadoodii caadiga ahayd wata oo dadka wax baraya ayay, dhinaca kale, ardaydaasi ka shaqaynayeen tirakoobka dadka iyo xoolaha. Labadaa shaqo ee ay qabanayeen, oo runtii labaduba ahaa kuwo aad iyo aad muhiim ugu ahaa horumarka qaranka, waxaa dowladda kaga baxay kharash aad u yar, maxaayeelay dadka ay u tageen ayay wax la cunayeen, hoyna siinayay. Waxaa kaloo ardaydaa faa'iido gaar ah u ahayd inay soo barteen nolosha baadiyaha, haddii ay tahay dhulka, xoolaha, iyo dadkaba.

Nasiibdarro, tirakoobkaasi wuxuu ku soo aaday abaartii dabadheer, oo ahayd tii ugu xumayd ee dalka soo marta abid. Taas ka sokow, iinaha uu lahaa tirakoobkaas waxaa ka mid ahayd in dadkii xogta ururinayay ay ahaayeen dhallinyaro aan aqoon iyo khibrad u lahayn howshaas. Kulaylkii abaarta iyo qaxarkii jiray dartiis, meelaha qaar waxaa dhacay in qaar ka mid ah dhallinyaradu ay waraaqihii ku buuxiyeen xog aan sal lahayn oo ay maskaxdooda ka keeneen. Khaladkaas iyo kuwo kaleba waxay ahaayeen kuwo la filan karay, mar haddii aysan Wasaaraddu kormeeraynin howsha.

Wuxuu kaloo tirakoobkaasi la kulmay caqabado ay ka mid ahaayeen:

i) Dadkii reer baadiyaha ahaa oo kala faniinay abaarta darteed, taasina waxay adkaysay in la gaaro dadkii oo dhan.

ii) Yaraanta tas-hiilaadka iyo saadka, taasoo sababtay in dadka qaarkood ay awoodi waayaan inay tagaan goobihii loo qoondeeyay tirakoobka. Maaddaama ay la daalaadhacayeen abaarta adag, dadku waxay u baahnaayeen gaadiid iyo taakulayn kale, si ay u gaaraan goobaha tirakoobka.

Sannadkii 1986 ayaa mar labaad la sameeyay tirakoobka dadka. Nasiibdarro, dowladdu ma ayan soo saarin natiijadii, oo waxay saluugtay tiradii soo baxday, halkeediina waxaa la qaatay tirooyin qiyaas ku dhisan.

Wixii la sameeyay burburka ka dib oo dhan ma ahayn kuwo lagu tilmaami karo tirakoob buuxa, maxaayeelay waxay ku dhisnaayeen muunad. Marka la samaynayo tirakoobka buuxa, dadka ayaa qof qof loo tirinayaa oo xataa ilmaha xalay dhashay ayaa lagu darayaa. Balse, midka muunadda ku dhisan wuxuu ku siinayaa qiyaas fiican, aanse ahayn tiradii saxda ahayd.

2.8.2   CAQABADAHA

Sannadihii hore ee xukunkii milateriga, gaar ahaan wixii ka horreeyay Dalgaalkii 1977 ayaa lagu tilmaami karaa waqtigii ugu wanaagsanaa ee uu dalkani helay dowlad shaqaynaysa. Caqabadaha ugu waaweyn ee soo foodsaaray qorshaha horumarinta dalka, gaar ahaan wixii ka dambeeyay waqtigaas waxaa laga xusi karo kuwa soo socda:

1) Khibradyari

Guud ahaan, shaqaalihii Wasaaradda Qorshaynta, oo ay ku jiraan kuwii jaamiciyiinta ahaa, waxay ahaayeen dad aan weli markaa helin khibraddii ay ku dejin lahaayeen qorshayaasha, sababtoo ah waxay u badnaayeen dad cusub oo markaa uun soo qalinjebiyay, kumana jirin wax gaaray aqoonta heerka labaad ee Master-ka, ama lahaa aqoon iyo khibrad cilmibaariseed oo fiican. Wasaaradda Qorshaynta waxay u baahantahay dad xirfaddoodu sarrayyso oo ku takhasusay qaybaha kala duwan ee saamayta ku leh qorshaha qaranka, kuwaasoo tira ahaan iyo taya ahaanba ku filan samaynta qorshaha. Haseyeeshee, Wasaaradda waxaa mar walba ku yaraa aqoontii iyo khibraddii loo baahnaa. Tuaale ahaan, xogta muhiimka ah ee loo adeegsado dejinta qorshaha waxaa taxliilin jiray dad shisheeye ah, oo tusaale ahaan, GDP-ga waxaa samayn jirtay gabar u dhalatay *Viatnam* oo u shaqayn jirtay Qaramada Midoobay. Shaqaalaha Wasaaraddu waxay samayn jireen xogta la xiriirta CPI (*Consumer Price Index*), taasoo ay xigan jireen hay'adaha shisheeye. Markii dambe oo dhaqaaluhu xumaaday, mushaarkiina hoos u dhacay waxaa billaabtay in dhallinyaradiii xogta ururinaysay ay xog aan sax ahayn soo qoraan, taasina waxay keentay in la aammini waayay xogihii laga qaadan jiray Wasaaradda. Tusaale ahaan, waxaa dhacday siddetamaadkii in hay'adda USAID ay ka shakisay saxnimada xogtii tiillay Wasaaradda. Sidaas awgeed, USAID waxay go'aansatay inay tababarato shaqaale u gaar ah oo u soo ururiya xogaha ay uga baahnayd dalka. Taasi waxay ahayd mid aan u wanaagsanayn sumcadda dalka, maxaayeelay waxay ka dhignayd in hay'ad shisheeye ay la wareegtay qaar ka mid ah shaqadii Wasaaradda.

Intaa waxaa dheer, shaqaaluhu waxay ku liiteen af Ingiriiska, oo ahaa afka lagu shaqaynayay ee ay deeqbixiyayaashu adeegsanayeen, maaddaama ay waxbarashadoodu Talyaani ahayd. Sidaas darteed, khubaro shisheeye ayaa mar walba qabanayay dejinta qorshaha qaranka, ayadoo Soomaalida loo adeegsan jiray xogururinta, taasina waxay keentay in mar walba lagu tiirsanaaado farsamayaqaanno shisheeye, oo dalku uusan yeelan awooddii uu ku samaysan lahaa qorshayaasha heerka qaranka ilaa maanta.

2) Iskufillaansho la'aan

Qorshaheenna horumarinta qaranku inta badan mar walba wuxuu ku tiirsanaa iskuhallyan kaalmo dibadeed, taasoo aadan si buuxda ugu tashan karin marka aad qorshaynayso barnaamijyo horumarineed. Xataa haddii dal aad saaxiib tihiin uu kuu ballanqaado kaalmo, waxaa kaalmada dibadda saamayn ku leh waxyaabo badan oo ay ka midyihiin isbeddellada siyaasadeed ee caalamiga ah ama kuwa gudaha, aafooyinka caalamiga ah, sida cudurrada, iwm, iyo dhaqaalaxumada guud. Sidaas darteed, waxtar ma aha qorshe qaran ee horumarineed oo ku tiirsan filashada kaalmo dibadeed.

3) Amnixumada

Samaynta qorshe qaran waxay marka ugu horraysa u baahantahay inay jirto nabadgelyo buuxda dalka oo dhan, si meel walba loo tegi karo, oo looga soo ururin karo xogta loo baahanyahay, taasoo aan suurgal ahayn, gaar ahaan muddadii burburka iyo dibusookabashada.

4) Kartida dowladeed oo liidata

Inkastoo hadda xoogaa horukac ah uu jiro, oo ay tahay markii ay Wasaaraddu ugu roonayd muddadii burburka ka dambaysay, ayna heshay xafiis iyo degaan u gaar ah iyo shaqaale mushaari ah, haddana waxaa muuqata inaan wax weyni is beddelin, oo kartida shaqaalaha qorshaynta aysan joogin heerkii laga rabay. Si howsha qorshaynta ay u noqoto mid waxtar u leh ummadda, waxaa lagama maarmaan ah in hoggaanka wasaaradda iyo kan dalkaba ay ka go'anatahay u adeegidda dadweynaha. Hoggaanka tayada leh waa kan ka walwala gaajada, faqriga, barakaca, caafimaad-darrada iyo waxbarashala'aanta ay bulshada inteeda badani la daalaadhacayso, Dareenkaasi waa inuu ka muuqdo siyaasadda qorista shaqaalaha, oo saldhig looga dhigo karti xirfadeed.

2.9. TAARIIKHDA BANGIGA HORUMARINTA

Muddadii uu shaqaynayay, Bangigu wuxuu maalgeliyay, islamarkaana gacanta ku hayay Warshadaha kala ah: ITOP, Warshaddii Baastada, Warshaddii Labanka, iyo laba warshadood oo galleyda shiidi jiray, kuwaasoo ku kala yiillay Gaalkacyo iyo Kismaayo. Wuxuu kaloo maalgeliyay mashruucii xooladhoofinta, kaasoo uu u iibiyay baabuurta waaweyn ee lagu daabbulo xoolaha.

Siyaasadda Bangiga ee maalgelinta waxay ahayd mid u janjeerta dhinaca ganacsatada yaryar ee ka shaqaysta beeraha iyo kalluumaysiga, asagoo siin jiray deyn ku qotonta qalabka beeraha, oo uu ku bixin jiray qiima jaban. Beeraha uu Bangigu maalgelin jiray waxaan ku jirin beeraha waaweyn, iyo beeraha hore loo abuuray ee aan cusbayn, taasoo ahayd siyaasad looga gol lahaa kordhinta waxsoosaarka beeraha. Arrinta la xiriirta maalgelinta beeraha waaweyn, sida Mooska oo uu ka gaabsaday Bangigu waxay ka dhalatay sahmin ay sameeyeen guddi khubaro ah oo ka tirsanaa Bangiga, kuwaasoo booqday dalalka Laatiin Ameerika ee kala ah: *Equador*, *Costarica*, iyo *Panama*, si ay ugu kuurgalaan waxsoosaarka beeraha ee dalalkaas, gaar ahaan beeraha mooska.

Khubaradu waxay soo ogaadeen in waddamadaasi ay isaga tageen beerista mooska ka dib markii ay garwaaqsadeen inuusan lahayn faa'iido u dhiganta maalgelintiisa. Markii ay dalka dib ugu soo laabteen, khubaradu waxay u kuurgaleen beeraha mooska ee dalka, halkaasoo ay uga soo baxday natiijo la mid ah tii ay ku soo arkeen dalalkii ay booqdeen ee Laatin Ameerika. Taas ayaa horseedday go'aanka uu Bangigu ku gaaray inuu u weecdo maalgelinta beeraleyda yaryar.

Bangiga waxaa u dagsaneyd siyaasad maalgalineed oo ka kooban qodobbada soo socda:

1) In dhulka la maalgelinayo uu noqdo mid cusub. Bankiga marnaba iskuma howlin inuu dayn ku bixiyo iibsashada dhul beeran, taasoo u muuqatay mid aan wax weyn ku soo kordhinayn dhaqaalaha dalka, kana dhabeynayn ujeeddadii Bangiga.

2) In Bangiga uu iibiyo dhammaan qalabka ay u baahantahay beerta cusub ee uu maalgelinayo, sida: cagafyada, matoorrada, baabuurta, iwm, ayadoo qiima raqiis ah lagu bixinayo, si aan deyntu culays ugu noqon beeraleyda.

3) In dadka laga saxiixo heshiis ugu yaraan 5 sano ah, muddaas oo laga doonayay inay isticmaalaan qalabka. Muddada amaahda, waxaa laga haynayay sharciga lahaanshaha dhulka, taasoo looga gol lahaa in laga hortago suurtagalnimada in qalaabkaasi uu suuqa galo, oo la

iibsado.

4) Si loo xaqiijiyo inay deymaha Bangigu soo noqdaan waxaa la qiimayn jiray dadka soo codsada maalgelinta, waxaana jiray aqoonyahanno u xilsaarnaa qiimaynta codsadayaasha.

Run ahaantii, guushii uu Bangigu ka gaaray soocelinta daymihii uu bixiyay, taasoo gaartay 96% ayaa keentay inuu helo abaalmarin la siin jiray bangiyada waddamada soo koraya ee ay deynsoocelintoodu ka saramarto 90%.

Hay'adaha: *"Water Price House"*, *African Financial Institution* iyo *African Development Bank,* iyo *IMF* ayaa samayn jiray xisaabinta, indha-indhaynta, iyo hagidda iyo talabixinta bangiyada deymaha qaata siday isugu xigaan. Waxaa bangiyada laga doonayay inay soo gudbiyaan warbixinno sannadle ah oo isugu jira xisaabxir iyo caddaymo muujinaya wixii uu bankigu ku kordhiyay dhaqaalaha dalka.

Sida Bangigii Ganacsiga, Bangiga Horumarinta ma qaban jirin lacago iyo deymo ay shacabku leeyihiin. Taas beddelkeeda wuxuu deymo ka heli jiray qaar ka mid ah bangiyada adduunka, sida: *African Development Bank, Islamic Bank, World Bank,* iyo Bangiga Jarmalka. Daymahaas ayay ahaayeen kuwii u suuragelin jiray Bangiga inuu amaah bixiyo.

Saamiyada ugu badan ee Bangiga waxaa iska lahaa Wasaaradda Maaliyadda. Waxaa kaloo saamiyo ku lahaa Bankiga Dhexe, Caymiska, Bangiga Ganacsiga, iyo Bankiga Jarmalka oo ku lahaa saami dhan 13%.

Deyntii ugu badneyd ee ay deeqbixiyaashu siiyaan Bangiga Horumarinta waxay gaaraysay dhowr iyo labaatan malyan oo doollarka Maraykanka ah. Deynbixinta Bangiga Horumarinta waxay lahayd shuruudo ay ka mid ahaayeen kuwa soo socda:

1) Inuu qofka beeraleyda ah la yimaado shahaadada lahaanshaha.

2) Inuu hormariyo 25% lacagta uu amaahanayo.

3) Inuu dammaanad keeno (hanti uu amaahduhu leeyahay ama qof kaloo hanti leh oo damiinta).

4) Inuu lixdii biloodba mar bixiyo qayb ka mid ah amaahda uu qaatay.

2.10. URURGOBOLEEDKA ISKAASHIGA DHAQAALAHA BARIGA

Guud ahaan, barnaamijyada isdhexgalka dhaqaale ee noocaan ahi ma aha wax ku cusub dunida. Yurub ayaa gaartay midnimo dhaqaale iyo mid siyaasadeed heer ay dalalkeedu yeesheen lacag midaysan. Waxaa kaloo isdhexgal samastay dalalka Koofurta Aasiya. Afrika waxay muddo dheer ku haminaysay inay yeelato dhaqaale midaysan, waxayna tallaabo u qaadday dhinacaas, ayadoo ay dalalku sannadkii 2022 gaareen heshiiska loo yaqaanno: *Africa Continnental Free Trade.*

Afarta tiir ee Ururgoboleedka Iskaashiga Dhaqaalaha Bariga ku midoobayo waxay yihiin:

1) Mideynta Furdooyinka (*Custom Union*)
2) Suuqa la wada leeyahay (*Common Market*)
3) Mideynta Lacagta (*Monetary Union*)
4) Midowga Siyaasadda Federaalka (*Political Federation*).

Haddaba, heshiika aan uga mid noqonnay Ururgoboleedka Iskaashiga Dhaqaalaha Bariga wuxuu noo leeyahay faa'iido iyo khatar labadaba. Dhinaca faa'iidada, dadkeenna oo ku firfircoon ganacsiga, islamarkaana jooga oo ka ganacsada dalalka Bariga Afrika wuxuu siinayaa fursad ay ku maalgashan karaan si sharci ah dhaqaalaha dalalkaas, ayagoo hal-abuur ama khibrado ganacsi oo gadmaya la tegi kara suuqaas. Balse marka taa laga tago ma jiraan wax badan oo waxsoosaar ah oo aan u dhoofinayno dalalkaas. Sidaa darteed, waxaan u baahnnahay inaan soo saarno waxyaabaha hibada aan u leennahay iyo khayraadka noo gaar ka ah, si aan isdhexgalkaas uga faa'iidno si xoog leh. Waxaan u baahan doonnaa inaan kordhinno waxsoosaarka, warshadana samaysanno, si aan kor ugu qaadno saamigeenna suuqaas ballaaran ee ka kooban dadweynaha gaarayaa 250 – 300 oo malyan ah.

Dhinaca khatarta marka laga hadlo, dalalka ku bahoobay suuqaas waxay fursad u helayaan inay dalkeenna wax u soo dhoofsadaan, sida annaguba aan u helnay fursad taas la mid ah oo aan dalalkooda wax ugu dhoofsanno. Taasi waxay saamayn taban ku yeelan kartaa dakhligeenna, maaddaama ay canshuurdhaaf helayso alaabta nooga imaanaysa dalalkaas. Sidaas darteed, waa inaan ka digtoonanno, oo ilaa xad iska moosno wixii hoosudhac ku keenaya dakhligeenna iyo canshuuraheenna.

Waxaa kaloo nagu soo furmi doona dhaqdhaqaaqa dadka, oo dad fara badan oo aynaan iskudiin iyo isku dhaqan ahayn ayaa noo imaan doona, waxaana dhici doonta inaan bixinno degganaansho, iwm.

Waxay ku wanaagsanayd inaan ka fikirno, doodo ka samayno, dowladduna ay la tashi ka samayso inta aan la saxiixin heshiiska. Si kasta ha ahaatee, waxaa loo baahanyahay in hay'adaheenna cilmibaaristu ay ka sameeyaan cilmibaarisyo baaxad leh, si loo sii caddeeyo danta iyo dandarrada noogu jirta isdhexgalka, islamarkaana dowladdu u hesho talooyin wax-ku-ool ah.

<table><tr><td>2.11.</td><td>ISKUXIRKA AQOONYAHANKA JIILKII HORE IYO JIILKA CUSUB</td></tr></table>

Dalkani meel hoose ayuu ka yimid, oo waddaniyiin xilkas ah ayaa hadba heer soo gaarsiinayay ilaa laga xaqiijiyay dowlanimo buuxda. Nasiibdarro, dowladdii waa la dumiyay. Kama aysan tegin waayeelkii soo halgamay oo waa ay joogeen, welina waa ay taaganyihiin; haseyeeshee, dhibaatada jirta waxay tahay inaan la rabin waayeelkii waaya-aragga ahaa, oo waxbarasho inay ka doontaan iska daaye ayba iskala weynyihiin dhallinyarada maantu. Diidmada dadka khibradda leh waxay soo billaabatay markii uu qaranku burburay. Haddii kor laga eego, dowladdu ma burburin 1990 ee waxay burburtay 1980 markii la yiri "aqoon lama rabo ee kacaan[50] ayaa la rabaa," waana markaas kolka uu jaahilka kacaanka ahi ka fiicnaaday aqoonyahanka aan kacaanka ahayn.

Hadda, awoodda iyo aqoonta jaamacadaha dalka lagu dhigayo waa khibradda dadkii hore; dad wixii shalay dhacay aan ogayni waxa soo socdo ma arki karaan. Qofka waaya-aragga ah ayaana ku dhihi kara "haddii aad sidaas ku sii socotid halistaas ayaad ku dhici doontaa". Dhallinyaradu waa ay leeyihiin aqoon, waxaase ka maqan baraaruggii ay uga leexan lahaayeen arrimaha qaarkood. Haddii si kale loo dhigo, dhallinyaradu ma oggola inay

---

50 Daacad u noqoshada dowladdii milateriga

talada waayeelka qaataan, aqoontiise waa ay leeyihiin. Talyaanigu wuxuu yiraahdaa "waxa aad sheegaysid (aqoonta aad leedahay) iyo fulinteeda bad baa u dhexeysa". Haddaba, jiilka cusubi waxay u baahanyihiin inay aqoontooda curdinka ah ku bisleeyaan waaya-aragnimada jiilka gaboobay oo diyaar ula ah hiil intii ay doonaan.

Waxaa la oran karaa, sababta dhallinyarada ku qasbayso iskadhegatirka talada waaya-aragga waa hanka waalan ee ay u qabaan gaarista xil iyo madaxtinnimo sare. Farsamadii, aqoontii iyo waaaya-aragnimadii ayaa dhexda ka baxday. Sidaas darteed, jiilka cusubi waxay u baahanyihiin dhaxalka helloonka ah ee jiilkii hore oo ah aqoon ay maanta u adeegsan karaan horumarinta dalka, islamarkaana u gogolxaaraya nolosha wanaagsan ee jiilasha dambe. Waxaase hubaal ah dhallinyaradu waxay waayeelka hadda jooga u haystaan inay yihiin kuwa dhacay (expired). Waayeelku jir ahaan waa ay u tabardhigeen balse maskax ahaan uma dhicin. Teknoolojiyada kama dhacsana oo waa ay adeegsadaan, balse jiilka cusub qaarkood waxay waayeelka dheeryihiin ee ay sheegayaan waa inay ilaashanayaan wax aysan ayagu lahayn oo uu dalku leeyahay. Waxay yaqaannaan in been lagu shaqaysto oo NGO[51] lagu qaraabto, shisheeyana lala heshiiyo oo wax ummadda magaceeda lagu soo qaaday mugdiga lagu qaybsado.

Waxaase xusid mudan, dhallinyarada la iskuma wada qaadayo ee kuwa laga hadlayo waa kuwa dibadda ka imaanaya. Kuwa gudaha wax ku barta cilmiga waa ay raadsadaan, khubaradana waxay ugu tagaan xarumahooda iyo hadba meelaha ay fadhiistaan oo waxay ku dhahayaan "aan aqoon kaa kororsanno". Qaar ayaa ayagoo koox ah inta is ballansada jaamcadaha ugu taga aqoonyahannada ka waaweyn, si ay mowduuc laga hadlayo u dhagaystaan. Marka, runtii kuwa gudaha waa ay fahamsan yihiin, diyaarna waa ay u yihiin inay jiilkii hore wax ka kororsadaan. Taasina waa tubta loo soo maray ilbaxnimada iyo horumarka casriga ah, dadyowga guulaystayna agtooda kama jirin kaabad maran oo laba jiil u dhexeysa. Dulucdu waa xilkasnimo ka timaadda labada dhinac; jiilkii hore oo garta inay dhaxalka

---

51 Nongovernmental Organization

maankooda ku jira u reebaan bulshadooda, iyo jiilka cusub oo mudnaan siiya sidii ay dhaxalkaas u hanan lahaayeen, u adeegsan lahaayeen, una sii gudbin lahaayeen.

Dalkan oo maanta dibudhis u baahan, dhallinyarada ayaa iska leh, iyaga ayuuna ka sugayaa horumarin. Balse waxay u baahanyihiin in hankooda sare loo qaado, waddaniyad lagu abuuro, lana xoojiyo anshaxooda iyo baraaruggooda ku aaddan dalka.

Dowlad duminteedu waa wax sahlan, balse dhismaheedu waa wax adag. Dadkii ka fekeri lahaana waa dadka dibadaha ka imanayo oo aqoontii iyo waaya-aragnimadii hadda maba jirto, balse aqoontii oo awal akadeemikada ahayd, inta badan, run iyo beenba, hadda dibadda (diaspora) ayay gashay. Markii qofkaas lagu tuhmayo aqoonta dibadda laga keeno oo laga dhigo wasiir ama agaasime, ma jirto wax uu uga duwanaan karo shisheeye la soo kiraystay. Waa qof Soomaali ah, haddana wixii uu shaqeystay dalal shisheeye ayuu geynayaa, illeyn ilmihiisa iyo deegaankiisa rasmiga ahi qurbahaas ayay jiraane. Waa qof naftiisu joogto, balse dhaqaalihiisu maqanyahay. Waxba sooma kordhinayo. Berrito haddii xilka laga qaado boorsadiisa ayuu qaadanayaa oo halkii ayuu dib ugu laabanayaa. Waxaa habboon in dadkaasi ay dalka u soo guuraan, si ay xagga laxawga iyo saamaynta dhibaatooyinka soo kordha ay ula sinnaadaan dadka gudaha. Qaarkood, ayagoo yaryar ayaa dibadaha la geeyay, markaas ayay wax kasta ka rabaan inay noqdaan sida Maraykankii iyo Yurubtii ay ku indha-fureen. Balse, waa inay ogaadaan ama la dareensiiyaa in dalkani yahay meel soo gubatay oo aasaaska hoose laga soo dhisayo.

CUTUBKA
3AAD

**BAAHIDA LOO QABO
DAAHFURNAAN IYO
ISLAXISAABTAN**
CABDIRISAAQ FARTAAG

3.1.	HORDHAC

Maamulka Maaliyadda Dowladda waa howl muhiim ah, kana mid ah waajibaadyada waaweyn ee saaran dowladda.

Si loo xaqiijiyo in hantida dadka ka dhaxaysa loo isticmaalo si hufan, islamarkaana waafaqsan qorshaha qaranka, waxaa la saameeyay shuruuc iyo hay'ado dowladeed oo si gaar ah ugu xilsaaran hawshaas. Laga soo billaabo markii dhidibbada loo taagay qaranka Soomaaliyeed, Maamulka Maaliyadda Dowladda wuxuu soo maray marxalado kala duwan oo ay ku jirto xaaladda xilligan, oo dib loo dhisayo hay'adihii dowladda ka dib burburkii.

Cutubkan waxaa looga hadlayaa Maamulka Maaliyadda Dowladda iyo taariikhdiisa muddadii ay jirtay dowladnimada Soomaaliyeed. Waxaa kaloo lagu falanqaynayaa sida geeddisocodka dowlad-dhisidda ee hadda socda uu xoogga u saaray hufnaanta maaliyadeed iyo wadashaqaynta hay'adaha maaliyadeed ee dalka.

3.2. DOWLAD-DHISIDDA IYO MAAMULKA MAALIYADDA DOWLADDA

Sannadkii 2009 ayaa la ii magacaabay Madaxa Maamulka Maaliyadda Dowladda ee Xafiiska Raysalwasaaraha, ayadoo shaqadaydu ahayd iskuxirka hay'adaha ku lugta leh maamulka iyo kormeerka maaliyadda, sida: Wasaaradda Maaliyadda, Bangiga Dhexe, Hantidhowrka Guud, Xisaabiyaha Guud iyo Guddiga Maaliyadda ee Baarlamaanka.

Markii ay shaqada billowday dowladdii Sheekh Shariif waxay go'aansatay inaysan ku sii tirsanaan kaalmadii dibadda, gaar ahaan hay'adda *"United Nations Development Prgoramme (UNDP)"* oo dhinaca kharashyada ka kaalmayn jirtay dowladda; sidaas darteed, waxay guda gashay qorshaynta sidii ay dakhli uga heli lahayd dekedda iyo garoonka diyaaradaha Muqdisho, iyo diyaarinta habkii loo qaadi lahaa canshuuraha, islamarkaana loo bilaabi lahaa canshuur-ururin.

Ujeeddadu waxay ahayd in dowladdu ku filnaato bixinta kharashyadeeda. Haseyeeshee, taasi laguma guulaysan, oo muddo gaaban ka dib waa ay is wadi waysay dowladdii. Sidaas awgeed, waxaa lagu khasbanaaday in dib loo furo wadahalladii Beesha Caalamka, si loo soo celiyo kabkii miisaaniyadeed ee dowladda la siin jiray. Wadahadallada ka dib waxaa dowladda lagu xiray fulinta shuruudo ay ka mid ahaayeen: (i) in ururka Al-Shabaab oo berigaas xukumayay qaybo ka mid Magaalada Muqdisho laga saaro magaalada; (ii) in deeqbixiyeyaasha loo soo gudbiyo xog ku saabsan dakhliga dowladda ka soo gala dekedda iyo garoonka diyaaradaha Muqdisho, iyo sida loo isticmaalo; iyo (iii) in la soo gudbiyo shan iyo tobanka wasaaradood ee ugu muhiimsan wasaaradaha xukuumadda oo markaas ay tirdadoodu ahayd 50, si kab miisaaniyadeed loogu diyaariyo. Dowladdii waxay ka soo baxday intii badnayd shuruudahaas.

Intaa ka dib, waxaan anigu billaabay inaan qoro warbixintii ugu horreysay ee ku saabsanayd dakhliga iyo kharashka dowladda. Markii aan dhammeeyay qabyaqoraalka warbixinta ayaan Ra'iisulwasaarihii xilligaas, Cumar Cabdirashiid, kula taliyay inaan la kaashanno qof khibrad sare leh, si uu noola fiiriyo warbixinta, talana noo siiyo, maaddaama ay ahayd warbixin muhiim ah, oo ay ku xrinaynd soodaynta lacagihii kabmiisaaniyadeedka ahayd; weliba waxaan soo jeediyay Cali Ciise oo ah khabiir muddo dheer u soo shaqeeyay Hay'adda Lacagta Adduunka (IMF), waddamo badanna wakiil uga soo noqday. Cali, oo waagaas hay'addiisa latalinta ee *"Horn Economic and Social Policy Institute (HESPI)"* xafiis uga furnaa *Addis Ababa*, ayuu Raysalwasaaruhu la xiriiray, asagoo codsaday inuu naga caawiyo diyaarinta warbixinta farsama ahaan. Kaalmadii farsamo ee Cali Ciise waxay suuragal ka dhigtay in warbixintii noqoto mid dhammaystiran oo habaysan, taasoo fududaysay in dowladdu hesho kabkii miisaniyadeed ee ay u baahnayd. Nasiibdarro, arrintii oo meel fiican maraysa ayaa Ra'iisulwasaarihii shaqada laga eryay.

Maxamed Cabdullaahi Farmaajo ayaa dabadeed loo magacaabay Ra'iisulwasaare, asaga ayaana dhaxlay howlahaas la soo qabtay. Anigu waxaan doonayay in diyaarinta warbixinnada noocaas ah la joogteeyo, balse Ra'iisulwasaaruhu ma danayn arrintaas.

Booqasho uu Ra'iisulwasaare Farmaajo Talyaaniga ku tegay ayaa waxaa ka dhashay ballanqaad ku saabsanaa kaalmo lacageed oo gaaraysay 500,000 oo doollar. Markii uu soo noqday ayuu Ra'iisulwasaaruhu iga codsaday inaan diyaariyo qorshaha mashruucii lacagtaas lagu fulin lahaa, kaasoo uu doonayay inuu u adeegsado nabadayn Gobollada Dhexe laga samayn lahaa. Berigaas waxaa jirtay, haddaba, in qorshayaasha mashariicda ay dowladda u soo qori jireen shisheeyuhu, maaddaama ay markaas yarayd awooddeeda farsamo ee qorshayntu; waxaana badanaa arrintaa dowladda ka caawin jiray safiirkii Talyaaniga u joogay Soomaaliya oo xafiiskiisu ahaa Nayroobi. Markii aan soo diyaariyay qorshihii mashruuca ayay noqotay inaan u safro Nayroobi, si aan uga soo dhaadhiciyo safiirka, ayadoo Ra'iisulwasaaruhuna safiirka kala hadlay arrintaas. Balse, markii aan u tegay safiirkii waxaan ogaaday in isaga iyo Ra'iisulwasaare Farmaajo aysan isku fiicnayn, iyo weliba in safiirku lacagta u rabay maalgelinta mashruuc biyaha la xiriira oo ceelal looga qodi lahaa isla degaannadaas, gaar ahaan meelaha Ahlu Sunnah maamulayeen.

Taasi waxay sababtay inaan labadii qorshe midkoodna hirgelin.

Muddadii yarayd ee aan la joogay, safiirku wuxuu ii soo jeediyay qorshe uu ka fikiriyay oo ku saabsanaa hagaajinta islaxisaabtanka dhaqalaha la siiyo dowladda. Si arrintaas loo fuliyo, wuxuu soo jeediyay in la sameeyo koox khubaro ah oo ka kooban Soomaali iyo safiirrada dalalka deeqaha bixiya; gaar ahaan, Talyaaniga, Maraykanka iyo Ingiriiska, si ay ula xisaabtamaan hay'adaha maamula mashaariicda lagu maalgeliyo lacagaha deeqaha ah, gaar ahaan kuwa Qaramada Midoobay iyo qaar kale.Waxay u ekayd in Beesha Caalamka ay fahmeen inuusan shaqaynayn habkii ay wax ku wadeen, ayna doonayeen inay wax ka beddelaan sida loo maamulo lacagaha deeqaha ah ee Soomaaliya la siinayay, ayagoo la kaashanaya dowladda. Markii aan soo noqday ayaan Ra'iisulwasaaraha u gudbiyay soojeedintii safiirka; balse, waxay u muuqatay inaan firkraddu u dhadhamin.

Wagaas ayay igu dhalatay aniga inaan wax ka qoro deeqaha Soomaliya caalamku siiyo iyo sida loo maamulo, waxaana aan ka soo saaray warbixinno ay ka mid tahay midda loo yaqaanno "Warbixintii Fartaag".

3.3. ISLAXISAABTANKA MAALIYADDA DOWLADDA

Sida ay ku dooddo dowladdu, waxaa jira warbixin sannadle ah oo la soo saaro, taasoo ku saabsan deeqaha lacageed ee la siiyo Soomaaliya, taasna waxaa daliil looga dhigaa in dowladdu ururiso, lana socoto xogta la xiriirta deeqaha soo gala dalka. Balse, taasi kuma filna, maxaayeelay hay'adihii muhiimka u ahaa islaxisaabtanka maalka dadweynaha, sida Baarlamaanka lalama wadaago xogtaas. Sidoo kale, Bulshada Rayidku waxba kalama socoto arrintaas.

Sideedaba, marka laga hadlayo Maamulka Maaliyadda Dowladda laba arrimood oo muhiim ah ayaa jira. Tan kowaad, deeqaha dalka la siiyo waa inay ka warqabaan, warbixintooda oo faahfaahsanna la horgeeyaa Baarlamaanka, ayadoo uu la socdo qorshaha barnaamijyada iyo mashaariicda loo isticmaalayo deeq kasta oo lacageed. Tan labaad, waa in qorshahaas lagu caddeeyo waxaa la rajaynayo in mashaariicdaas fulintoodu ay ka beddeli doonto nolosha bulshada. Waxaa loo baahanyahay in doollar kasta oo lacagtaasi ka mid ah lagu xisaabtamo, lana ogyahay meesha uu ku baxayo iyo waxa ay ka faa'iidayso bulshadu. Tusaale, mid kasta oo ka mid ah hay'adaha aan dawliga ahayn oo ka shaqeeya dalka, waa in la diiwaangeliyo xogta ku saabsan waxay qabato, muddada ay meesha ka shaqaynaysay, lacagaha soo gala iyo waxtarka ama isbeddelka horumarineed iyo midka nololeed ee mashaariicda ay fulisaa samaynayso. Xubnaha Baarlamaanka ayay mas'uuliyadda ugu weyni ka saaran tahay inay raadiyaan, lana socdaan xogahaas, maaddaama ay ayagu wakiil ka yihiin dadweynaha; iyaga ayay tahay inay kula xisaabtamaan wasaaradaha ku shaqada leh, gaar ahaan Wasaaradda Qorshaynta oo u xilsaaran inay macluumaadkaasi ururiso. Hadda waxaa socda meelmarinta sharci lagu xakameynaayo howlaha NGO-yada dalka ka shaqeeya, ha ahaadaan kuwa caalamiga aha ama kuwa maxalliga ah.

Marka laga soo tago dhisidda kalsoonida shacabka, waxaa kaloo Maamulwanaagga Maaliyadda Dadweyne uu muhiim u yahay xiriirka deeqbixiyeyaasha, maxaayeelay waa dood mar walba hor taalla xukuummadda iyo Baarlamanka marka ay damcaan inay waydiiyaan ajnebiga xisaabcelinta lacagaha deeqaha ah ee dalka la siiyo, ayadoo la leeyahay: "War lacagtan annagaa idin siinnaye, bal adinku na tusa sida aad u maamushaan dakhligiinna! Ma yahay maamulkiinnu mid daah furan?"

3.4.	BAAHIDA KARTIDHISIDDA EE WASAARADDA MAALIYADDA HEER FEDERAAL

Maamulka Maaliyadda Dowladda aad ayuu muhiim ugu yahay dalkan oo ah waddan kheyraad badan leh, balse burburay oo dowladnimadiisii dibudhis iyo soo kabasho ku jirto. Nasiibdarro, dhismaha hay'adihii loogu talagalay inay ka shaqeeyaan maamulka, hufnaanta iyo islaxisaabtanka ayaan weli si ku filan xoogga loo saarin. Hay'adahaas waxaa ka mid ah: Xafiiska Hantidhowrka Guud, Xafiiska Xisaabiyaha Guud, Guddiga Barlaamaanka u qaabilsan Maaliyadda, Wasaaradda Maaliyadda iyo Bangiga Dhexe. Inta aan ogahay ilaa hadda, hay'adahaasi si fiican uma wada shaqeeyaan, howlahoodana si wanaagsan looma xiriiriyo.

Wasaaradda Maaliyadda marka la eego, dhibaatada haysata waxay tahay inaysan gudaha si fiican uga dhisnayn, ugana habaysanayn. Inkastoo uu Bangiga Adduunku maalgeliyay dibudhiska Wasaaradda, nidaamyana loo dejiyay, oo hadda ay ka duwantahay sidii hore, haddana awooddeeddii wax weyni iskama beddelin, taasna waxaa daliil u ah inay weli farsamo ahaan si weyn ugu tiirsantahay Bangiga Adduunka. Tusaale ahaan, qorshayaasha ay Wasaaraddu ku shaqayso ma aha kuwo dhammaan ka yimaada gudaheeda ee Bangiga Adduunka ayaa saamayn ku leh, taasoo macnaheedu yahay inay kartida Wasaaraddu ay tahay mid aan weli dhisnayn.

Wadashaqaynta Wasaaradda Maaliyadda iyo Bankiga Adduunka ee burburka ka dib waxay soo billaabatay xilligii Dowladdii Xasan Sheekh Maxamuud, markaasoo aan lataliye u ahaa Wasaaradda aniga oo Bangigaas u shaqaynayay. Barnaamijka ay hadda Wasaaradda Maaliyaddu ku shaqayso markaas ayaa la dejiyay. Aniga, nin Ghana u dhashay oo Bangiga Adduunka u shaqaynaayay iyo nin kaloo Soomaali ah ayaa mas'uul ka ahayn dejinta barnaamijkaas.

Inta badan shaqaalaha Wasaaradda waa kuwa khibraddoodu yar tahay oo aan helin tababarro joogto ah. Intaa waxaa dheer, habka shaqaalaynta Wasaaradda wuxuu ahaa mid aan nidaamsanayn oo hadba wasiirka yimaado uu dad cusub keensado si aan nidaamka waafaqsanayn, kuwaasoo marka uu shaqada ka tago shaqada laga joojiyo.

Muhiimadda ugu weyn waxay tahay in la dhiso kartida gudaha ee Wasaaradda, si ay u hesho madaxbannaanidii ay qorsheyaasheeda iyo mashaariicdeeda ku samaysan lahayd, kuna fulin lahayd. Taasi waxay suuragal ka dhigaysaa in laga maarmo taageerada farsamo ee Bangiga Adduunka, kaasoo hadda wasaraadda ka caawiya howlaha farsamo oo dhan, oo ay ku jiraan diyaarinta qorshaha iyo waxyaabaha loo qabanayo iyo meelaha laga xoojinayo. Qorshaynta miisaaniyadda Bankigu Adduunka bixiyo ee lagu fuliyo mashaariicda inta badan isaga ayaa gacanta ku haya, isaga ayayna fikraddu ka timaadaa.

Haddii la baaro cilladda oo la isweydiiyo: ma Soomaalida ayaan qorshe lahayn oo wax la imaan karin, mise Bangiga ayaan oggolayn in Soomaalidu wax qorshaysato? Sida aan anigu ogahay, arrintu waa midda hore, oo Soomaalida ayaan qorshe la tegi karin kartixumo darteed, taasoo ay sabab u tahay dadkii khibradda lahaa oo aan loo dhiibayn shaqada. Marka laga hadlayo dhismaha Wasaaradda Maaliyadda iyo hay'adaha maamulka maaliyadda dowladda, guud ahaan wax kasta oo la samaynaayay labaatankiii sano ee ay socotay dowlad-dhisidda lagama gaarin natiijo la taaban karo, hay'ado dowladeed oo si qumman u dhismay oo la arki karaana weli ma muuqdaan.

Dowladihii is xigxigay ee xilka la kala wareegayay laga soo billaabo Carta, gaar ahaan wixii ka dambeeyay markii laga baxay kumeelgaarka, waxay ahayd inay la xisaabtamaan deeqbixiyeyaashan ku doodaaya inay Soomaaliya ku caawiyeen balaayiin doollar, ayna waydiiyaan meesha iyo cidda ay siiyeen lacagahaas. Guddi u xilsaaran arrintaas ayaa la samayn karay, si uu dabagal ugu sameeyo lacagahaas la sheegayo in lagu dhisay hay'adaha dowladda, isaga oo waydiinaya, tusaale ahaan, hay'adda lagu dhisay iyo meesha ay ka muuqato, iwm. Markii uu xilka la wareegey Madaxweyne Farmaajo, haddii uu dhisi lahaa guddi noocaas ah waxay dabagal ku samayn lahaayeen meesha la geeyay in ka badan USD 2.4 billion oo doolar, taasoo la sheego in Soomaaliya ay beesha caalamku u yaboohday xilligii dowladda Xasan Sheekh Maxamuud. Halkaas ayay ahayd inay ka billaabaan qorshaha maaliyadda, inta aan deyncafinta iyo arrimaheedaba la gelin, taasina waddanka ayay ka dhigi lahayd mid islaxisaabtan dhab ah ka jiro, horumarna gaara.

Guud ahaan, mushkiladda haysata geeddiscocodka dowlad-dhisidda Soomaaliya waxaa ka mid ah in dowlad kasta marka ay dhalato aysan dib u fiirinayn wixii ay soo qabatay tii ka horreysay; wax ka baranayn, isna waydiinayn wixii ay ku fashilantay, wixii u hagaagay, iwm. Maaliyadda marka laga hadlo, xogo iyo dokumentiyo muddo dheer la kaydiyay oo maanta la tixraaci karo ama wax laga baran karo ma jiraan. Tusaale ahaan, dowladda maanta ma hayso xogta dakhligii waddanka soo galay laga soo billaabo 2000 ilaa maantadan la joogo. Marka ay dowladdu soo saarayso warbixin ku saabsan isbeddel dhaqaale, waa inay xogta noocaas ah haysaa.

Sidoo kale, Bangiga Dhexe ee dalku xog rasmi ah oo tifaftiran kama hayo lacagta dakhliga ah ee waddanka ka soo gasha dibadda, gaar ahaan tirada lacagta ay·dadka Soomaaliyeed ee qurbaha ku nooli xawaaladaha u soo mariyaan qoysaskooda. Waxay ahayd in Bangigeennu uu hayo xog faahfaasan oo muujinaysa tirada dadka lacagta soo dira, qof kasta inta uu soo diro celcelis ahaan iyo cadadka lacagta ugu badan ee qof kali ahi soo diro, sida ay magaalooyinka waaweyn u kala helaan lacagahaas, waddamada lacagta laga soo diro iyo waddanka lacagta ugu badan laga soo diro, iwm. Istaastiistikada noocaas ahi waa mid aan laga heli karin Bangiga Dhexe, waxaase xog badan laga heli karaa Bangiga Adduunka, kaasoo ka soo ururiya xawaaladaha iyo bangiyada gaarka loo leeyahay. Taas macnaheedu wuxuu yahay haddii aad, cilmibaaris ahaan, u baahato xogtaas waxa aad ka doonanaysaa Bangiga Adduunka, halkii aad ka doonan lahayd lahayd Bangiga Dhexe ee dalka.

3.5.	KAALINTA HANTIDHOWRAHA GUUD EE MAAMULKA MAALIYADDA DOWLADDA

Sharci ahaan, xafiiska Hantidhowraha Guud waa hay'ad madaxbannaan, waxaana ansixiya Baarlamaanka dalka. Waa hay'ad aan hal qof ahayn, ayna wanaagsantahay inay ka koobnaato koox khubaro maaliyadeed ah oo hoggaamiye leh. Shaqaalaha xafiiska Hantidhowrka Guud waa inay noqdaan dad aqoon iyo khibrad ay leeyihiin darteed lagu xushay, lana mariyay nidaamka shaqaqorista ee sharcigu qabo. Balse, haddii shaqaalaha madaxda sare ay soo dirsato ama qabiil lagu keeno, shaqada Hantidhowrku ma yeelanayso hufnaantii loo baahnaa.

Guddiga Maaliyadda ee Baarlamaanka wuxuu kaalin muhiim ku leeyahay maamulka maaliyadda dowladda. Sidaas darteed, wuxuu xiriir wadashaqayneed, buuxa oo diirran la leeyahay Hantidhowraha Guud. Waxaa kaloo uu Guddimaaliyadeedka Baarlamaanku u xilsaaranyahay falanqeynta miisaaniyadda ay soo diyaariso xukuumaddu inta aan la horgeyn Baarlamaanka. Waxaa habboon inay ku jiraan Guddiga Maaliyadda ee Baarlamaanka xubno aqoon u leh maamulka maaliyadda; haddiise ay dhacdo inaysan ku jirin, Guddigu wuxuu dalban karaa adeegga khubaro ama hay'ad gaar loo leeyahay oo ku takhasusay maamulka maaliyadda. Haseyeeshee, arrinta isweydiinta mudani waxay tahay in Baarlamaanka uu ku baraagusanyahay baahida loo qabo daahfurnaanta, islaxisaabtanka iyo hufnaanta Maamulka Maaliyadda Dowladda iyo in kale.

3.6. DAKHLIGA DOWLADDA

Dakhliga Soomaaliya markii la fiiriyo wuxuu ka yimaadaa laba meelood: gudaha iyo dibadda. Dakhliga dibadda ayaa u sii kala baxa mid Carabta ka yimaada iyo midka reer Galbeedka. Dakhliga Carabta naga soo gala badanaa lama yaqaanno, sababta oo ah lama soo marsiiyo nidaamka iyo habxisaabeedka rasmiga ah ee dowladda, oo waa wax shakhsi gacantiisa ku dhaca, wax caddayn ahna aan lahayn.

Dakhliga gudaha wuxuu ka yimaadaa Gobolka Banaadir oo kaliya. Waagii dowladda milateriga seddax meel ayaa ugu dakhli badnaa Soomaaliya, waxayna kala ahaayeen: Muqdisho, Berbera iyo Buuloxaawo. Marka laga reebo Banaadir, labadada meelood oo kale hadda midkoodna lacag uma soo xareeyo Dowladda Federaalka, iyo xataa dowladgoboleedka, marka laga hadlayo Buuloxaawo. Qaabka loo ururiyo dakhliga Muqsisho ka soo xarooda laftiisa ayaan ahayn mid cad oo daahfurnaan leh ama habaysan

3.6.1 URURINTA CANSHUURAHA HEER FEDERAAL

Doodda la xiriirta nidaam canshuureed midaysan waa mid ay adagtahay hadda in xal laga gaaro, maxaayeelay maamul goboleedyadu ma doonayaan inay dakhli u soo xareeyaan dowladda federaalka, Wasaaradda Maaliyaddana kama howlgasho gobollada. Waa jirtaa in Wasiirrada Maaliyadda ee Maamul goboleedyada iyo Wasaaradda Maaliyadda Federaalka ay shirar isugu yimadaan, wadatashina laga sameeyo sidii nidaam canshuureed midaysan loo samayn lahaa, balse arrintaas natiijo lagama gaarin, maxaayeelay Soomaalida arrintu kama iman ee Bangiga Adduunka ayaa ku cadaadinaya.

Haddii la rabo in la dhiso nidaam maaliyadeed oo federaal ah oo hufan waa in, marka hore, Wasaaradda Maaliyadda ee Federaalka qaabdhismeedkeeda gudaha la hagaajiyo, qaybaheeda gudaha la habeeyo; loona sameeyo nidaam furfuran, adag, diyaarna u ah maamul goboleedyada. Sidoo kale, maamul goboleedyada naftigooda ayay tahay in loo sameeyo dhisme kaasoo kale ah oo qaab ahaan ku xirmi kara, lana jaanqaadi kara nidaam-maaliyadeedka Federaalka. Islamarkaas, waxaa loo baahanyahay in awoodda la furfuro oo hoos loo daadejiyo. Sidaas darteed, inta aan lagaba hadlin canshuur midaysan iyo arrimaheeda waxaa loo baahanyahay in la wada fariisto, lagana wada hadlo sidii hannaanka oo dhan looga dhigi lahaa mid furfuran.

Mushkilad kale oo Soomaalida haysato waxay tahay cabsida laga qabo habka federaalka, ayadoo aad mooddo inaan micnaha federaalkaba la fahmin. Run ahaantii, ayadoo federaal jiro ayaan samayn karnaa dowlad dhexe oo qaranka matasha. Wasaaradaha, sida Wasaaradda Maaliyadda, haddii aan qaabdhismeedkeeda furfurnayn, oo aan awoodda hoos loo daadejin lama shaqeyn karto wasaaradihii heer gobol. Midda kale, waa in cabsida meesha laga saaraa oo dadka laga wacyigeliyaa, loona sheego inuu dalka hal midyahay, federaalna yahay.

CUTUBKA
4AAD

DIBUHABAYNTA MAALIYADDA DALKA

XUSEEN CABDI XALANE
iyo
XUSEEN MAXAMUUD SIYAAD (CAATO)

| 4.1. | HORDHAC |

Nidaamka maaliyadda dalku wuxuu qayb ka yahay barnaamijka guud oo dib loogu dhisayo hay'adihii dowladeed ee burburay, islamarkaana dib loogu soo celinayo adeegyadii dadweynaha.

Cutubkan, oo xooggiisa laga soo diyaariyay waraysi uu bixiyay Xuseen Cabdi Xalane oo ah Wasiirkii hore ee Wasaaradda Maaliyadda, wuxuu ku saabsanyahay dibusoocelinta iyo dibuhabaynta nidaamka maaliyadeed ee dalka.

Cutubku wuxuu ka hadlayaa geeddisocodka dibusoocelinta iyo dibuhabaynta nidaamka maaliyadeed ee dalka, iyo horumarka laga gaaray ilaa hadda. Sidoo kale, waxaa si kooban loo sharxayaa guud ahaan sida uu u shaqeeyo nidaamka maaliyadda dalku. Saamaynta hay'adaha maaliyadda ee caalamiga ahi ku leeyihiin geeddisocodka dibudhiska maaliyadda dalka, iyo barnaamijka deyncafinta ayaa iyadana wax laga xusayaa. Waxaa kaloo la qaadaadhigayaa xaaladda dakhli iyo midda misaaniyadeed ee dalka, iyo baahida loo qabo hirgelinta habmaaliyadeed ku dhisan nidaamka federaalka.

| 4.2. | DIBUHABAYNTA NIDAAMKA MAALIYADDA |

Guud ahaan, nidaamka maaliyaddu wuxuu leeyahay shuruuc hagta iyo habxisaabeed aan mugdi ku jirin oo ku dhisan tirooyin cadcad. Waxyaabaha lagu xakameeyo maamulka maaliyadda waxaa ka mid ah qorshaha miisaaniyadda oo ah inay dowladdu caddayso dakhligeeda iyo waxa ay ku bixinayso. Sidaas darteed, dowladda waxaa laga doonayaa inay caddayso tirada lacagta dadka ay ka aruurinayso iyo sida ay u isticmaashay. Miisaaniyaddii ugu horreysay ee la sameeyo tan iyo intii uu billowday geeddisocodka dibudhiska dowladnimadu waxay diyaarinteedu qaadatay muddo lix biloood ah, ayadoo nasiibwanaag, ay dalka joogeen qaar ka mid ah shaqaalihii khibradda lahaa ee burburka ka hor ka shaqayn jiray Wasaaradda Maaliyadda, oo ay ka mid ahaayeen Agaasimihii Waaxda Miisaaniyadda, Dr. Aamina iyo Madixii Waaxda Kastamyada Layloon.

Madaxdii Wasaaraddu waxay shaqo ka billowday inay soo uruuriso shuruucdii irdhowday ee lagu shaqaynayay, kuwaasoo ay ka midyihiin: sharciga canshuuraha; sharciga lagu maamulo xisaabaadka, bakhaarrada iyo hantida dowladda (la qoray 1963, isbedelna lagu sameeyay 1967 iyo 1973), kaasoo si faahfaasan u qeexaya sida loo maamulayo hantida dowladda. Waxaa kaloo ka mid ahaa Sharciga Hantidhowrka iyo Sharciga Bangiga Dhexe (Bangigu wuxuu markaa ku shaqaynayay sharci hore oo la beddelay oo uu lahaa Bangigii *"Banca Nazonale Somala"* ee xilligii wasaayada Talyaaniga, kaasoo sannadkii 1973/74 loo kala qaaday Bangiga Dhexe, Bangiga Ganacsiga iyo Keydka, iyo Bangiga Horumarinta). Ugu dambayntii, waxaa suurtagashay in la isu keeno shuruucdii maaliyadda oo dhan, marka laga reebo sharcigii Bangiga Dhexe.

Maadaama aysan suuragal ahayn in lagu socdo nidaamkii hantiwadaagga, Wasaaraddu waxay go'aansatay inay dejiso Sharciga Bangiga Dhexe, ayadoo heshiis la gashay machad uu madax ka ahaa aqoonyahan Soomaaliyeed oo la yiraahdo "Cali Ciise", fadhigiisuna yahay magaalada *Addis Ababa* ee dalka Itoobiya, si ay u diyaariyaan Sharciga Bangiga Dhexe, ayadoo ay kaalmaynayaan sharciyaqaanno u dhashay dalalka Sweden iyo Uganda. Halkaas waxaa ka soo baxay Sharciga Bangiga Dhexe oo Baarlamaanku anixiyay, ilaa haddana lagu shaqeeyo.

Shuruucdii la sameeyay waxaa kaloo ka mid ahaa "Sharciga Maamulka Ka ganacsiga Lacagaha", kaasoo muhiim u ahaa dibuhabaynta dhaqaalaha laba sababood oo xasaasi ah dartood. Tan koowaad, lacagahaan socda ee xawaaladaha, sarrifka, iwm oo berigii hore dowladda gacanteeda ku jiri jiray, islamarkaana aan loo oggolaan jirin ganacsiyada gaarka loo leeyahay, balse burburka ka dib galay gacanta dadweynaha, ayay ahayd in sharci gaar ah loo helo. Tan labaad, ayadoo muddooyinkii dambe ay adduunyada ka dhacayeen isdebedello la xiriira siyaasadaha dhaqaalaha, ayay muuqatay in lahaanshaha gaarka ahi noqon doono kan dhaqaalaheenna xukumaya; sidaas darteed, waxaa loo baahnaa sharci la jaanqaadi kara nidaamka dhaqaalaha furfuran iyo siyaasadaha xoojinaya lahaanshaha gaarka ah.

Waxaa la casriyeeyay nidaamkii maaliyadda, ayadoo shuruuc badan lagu kordhinay habka xisaabaadka, waxaana la qoray shuruucdii iyo nidaamyadii furaha u ahaa habka maaliyadda dalka, sida: Sharciga Hantidhawrka, Sharicga Maamulka Lacagta iyo Sharciga Iibka Qaranka.

Laga soo billaabo waqtigaa, nidaamka maaliyaddu horumar ayuu samaynayay. Taas waxaa ka markhaatikacaya: (i) habka xisaabaadka oo casriyaysan (*computerized*) (ii) nidaamka maaliyadda oo gaaray heer deggenaan ah, wax walibana si habsami ah u socdaan (iii) dakhliga oo kor u socda, iyo (iv) nidaamka iyo shuruucda maaliyadda oo la casriyeeyay, lana gaarsiiyay heerka caalamiga ah.

Haseyeeshee, waxaa dhibaato ka jirtaa awoodda dakhli-ururinta oo weli liidata. Marka la eego miisaaniyadda, ma jirin xog sugan oo ku saabsan dakhliga sannadkii 2010; balse qiyaastu waxay ahayd celceliska 960,000 oo doollar bishii. Halkaas ayaa laga soo billaabay. Inkastoo uu sameeyay xoogaa koboc ah, haddana dakhligu waa mid weli hooseeya, oo Dekadda Xamar iyo Garoonka Diyaaradaha kaliya ayay wax ka soo xaroodaan. Caqabadaha ugu waaweyn oo weli taagan waxaa ka mid ah midnima lan'aanta miisaaniyadda, taasoo ay lagama maarmaan tahay inay yeelato jaangooyo midaysan dalka oo dhan.

Marka dib loo milicsado taariikhda, ku dhowaad 75% dakhliga dowladdii militariga wuxuu ka iman jiray canshuuraha berriga, xoolaha ha noqoto, beeraha ha noqoto, gaadiid ha noqoto ama meelaha kastamiska xudduudaha ha noqotee; halka ay canshuuraha furdooyinka ay ka iman jirtay qiyaastii 25% oo kali ah. Hadda, dakhliga dowladgoboleedka iyo kan Dowladda Federaalkuba wuxuu ka soo xaroodaa canshuuraha furdooyinka, marka laga reebo Soomaaliland, oo ayadu ku guulaysatay inay meel walba gaarsiiso canshuur-ururinta, maaddaama ay dowladdu ka howlgasho degaannadeeda oo dhan.

Canshuurtaas la soo uruuriyo waxay tahay in lagu bixiyo wax lamataabtaan ah oo dowladnimada muhiim u ah. Billowgii hore, waxaa khasab ahayd in dakhliga yar ee soo xarooda loo isticmaalo kharashaadka dowladda, oo ku kooban uun mushaarka shaqaalaha, raashinka ciidamada, howlmaalmeedka, kharashyada xafiisyada, iwm. Balse, waxaa loo baahanyahay in dakhliga la kordhiyo, si loo helo lacag lagu maalgeliyo mashaariicda horumarinta bulshada; ayadoo, islamarkaas la soo yaraynayo kharashyada ku baxaya howlmaalmeedka, ha noqoto mushaaraad ama howlaha kale ee xafiisyada.

| 4.3. | MAAMULKA IYO XAFIDAADDA HANTIDA QARANKA |

Marka la eego sharciga lagu maamulo xisaabaadka, bakhaarrada iyo hantida dowladda, Wasaaradda Maaliyaddu waxay ilaalisaa dhammaan wixii hanti ah ee ay dowladdu leedahay, kuwaasoo ay ka midyihiin guryaha iyo dhulalka. Inkastoo Wasaaraddu hayso diiwaankii hantidaas oo dibuhabayn lagu sameeyay, haddana inta badan hantidaasi kuma jirto gacanta Wasaaradda.

Guud ahaan, marka aad rabto dal ama hay'ad waxa ka khaldan inaad ogaato, maaliyaddu waxay ka mid tahay meelaha wax laga fiiryo oo aad ogaanaysid meel walba oo wax ka khaldanyihiin. Tusaale ahaan, waxaad ogaan kartaa wixii khaladaad ah ee ku jira habka shaqaalaysiinta iyo shaqaalaha, canshuur-ururinta, hantida qaranka, ciidamada iwm; balse waxay u baahantahay, oo aasaas u ah sarraynta iyo ku dhaqanka sharciga, taasoo ah dhibaato weyn oo dalkan maanta haysata.

4.4.	SAAMAYNTA HAY'ADAHA MAALIYADDA CAALAMIGA EE DIBUHABAYTA MAALIYADDA

Marka hore, sharcigeennu wuxuu dhigayaa in wixii dakhli ah ee soo gala uu ku dhaco hal xisaab oo ay dowladdu leedahay, kaasoo ka furan Bangiga Dhexe ee dalka. Haseyeeshee, waxaa caqabad lagala kulmay deeqaha caalamiga ah ee aan la soo marsiinayn habka dowliga ah, markii xataa loo sameeyay wax kasta oo fududayn ah. Waxay xataa gaartay in Wasaaradda Maaliyaddu ay dacwo u qorto deeqbixiyeyaasha ay ka midka yihiin Ururka Jaamacadda Carabta, taasoo ku saabsanayd cabasho ka dhan ah lacagaha sida shakhsiga loo siinayo mas'uuliyiinta, ayadoo aan la soo marsiin Bankiga Dhexe iyo Khasnadda dowladda, waxayna ka codsatay inay lacagaha ku soo shubaan Bankiga Dhexe. Haddaba, Inkastoo la isku dayay in la xakameeyo, haddana dhibaatadaasi waa mid weli taagan.

Marka loo yimaado hay'adaha maaliyadda adduunka, waxaan xiriir la leennahay afar hay'adood oo aan xubno ka nahay, kuwaasoo kala ah: Bangiga Adduunka, Hay'adda Lacagta Adduunka, Bangiga Horumarinta Afrika iyo Bangiga Horumarinta Islaamka. Saamiyada aan ku leennahay oo yar darteed, awood badan kuma lihin go'aannada Bangiga Horumarinta Afrika iyo Bankiga Islaamka.

Bangiga Adduunka wuxuu dowladda ka caawinayay bixinta mushaaraadka, maaddaama aan miisaaniyaddeennu nagu filnayn, dowladduna awoodin inay wada bixiso mushaaraadka, raashinka ciidamada iyo kharashaadka kale ee ku baxa dhaqdhaqaaqa dowladda. Sidaas darteed, Bangiga Adduunku wuxuu kabayay miisaaniyaddeenna, gaar ahaan mushaarka shaqaalaha rayidka ah, taasoo ah taageero muhiim ah.

Hay'adda Lacagta Adduunka waxay gacan ka gaysanaysay miisaaniyadda oo ah qorshe ballaaran oo lagu hagaajinayo nidaamka maaliyadda, ayagoo farsama ahaan Wasaaradda ka caawinayay diyaarinta miisaaniyadda.

Waxaa kaloo ay naga kaalmaynayaan sida iyo habka loo raacayo sharciga miisaaniyadda (*fiscal management*), maxaayeelay waxaa la eegayaa inaad raacayso oo ku dhaqmayso shuruucda kuu qoran.

Bangiga Horumarinta Afrika wuxuu nagala shaqaynayay habka loo maamulo miisaaniyadda dowladda.

4.5. | BARNAAMIJKA DEYNCAFINTA

Guud ahaan, barnaamijka deyncafinta waa mid leh sooyaal iyo ujeeddooyin maaliyadeed oo u gaar ah. Deyncafintu waa dhaafidda qayb ahaan ama dhammaan deynta ay denybixiyayaasha dibaddu ku leeyihiin dalalka soo koraya.

Muddo tobannaan sano ahba, habka deynbixinta dabacsani,[52] wuxuu ahaa mid muhiim ah, kaasoo lagu siiyo kaalma caalami ah dalalka soo koraya, gaar ahaan dalalka ugu saboolsan caalamka. Inkastoo sidaas loogu dabciyay, haddana tira badan oo dalalkaas ka mid ah ayaa kala kulmay culays sii kordhaya bixinta deymaha, ayadoo sababta ugu weyni ahayd inaan dhaqaalahoodu u kobcin sidii la filayay.

Billowgii siddeetameeyada ayay dalalka denybixiyayaasha ahi isla garteen in la fududeeyo shuruudihii deynbixinta, si looga yareeyo culayska dalalka la kacaakufaya deynbixinta, maalgelinta mashaariic lagu kordhinayo koboca dhaqaalaha darteed. Ujeeddadu waxay ahayd in dalalkaas deynqabayaasha ah, oo u badnaa dunida seddaxaad, gaar ahaan Afrika, loo sameeyo hab ay denyta isaga gudi karaan, kaasoo aan saamayn weyn ku yeelanayn fulinta mashaariicda kor loogu qaadayo koboca dhaqaalahooda. Balse, waxaa weli sii socotay in dalal badani ay la raftaan dhibaatada deyntbixinta. Qaantaas oo ururtay ayaa marar badan gaartay inay fuuqsato kalabar lacagta ay dalalkaasi ka heli jireen alaabaha ay u dhoofiyaan dibadda, taasina waxay caqabad ku noqotay horumarinta dalalkaas, dhaqaala ahaan iyo bulsha ahaamba.

Sidaas darteed, sannadkii 1996 ayaa labada hay'adood ee Bangiga

---

52 Deyn shuruudaheeda la khafiiyay, sida dulsoorka oo yar (1% ama ka yar) iyo muddada oo la dheerayay (30 sano iyo ka badan).

Adduunka iyo Hay'adda Lacagta Adduunku waxay hirgeliyeen barnaamij cusub oo deyncafin ah, kaasoo loo bixiyay HIPC. Qorshaha HIPC wuxuu tiigsanayaa in xal joogta ah loo helo qaanta dalalka deynqabayaash ahi ay la dhibtoonayaan, ayadoo la samaynayo deyncafin ballaaran, taasoo ay la socoto dibuhabayn lagu samaynayo siyaasadda dhaqaalaha ee dalalkaas, si loo helo koboc dhaqaale oo muddada fog ah, islamarkaana loo yareeyo saboolnimda. Ujeeddada qorshahani waxay tahay in lacagtii lagu bixin lahaa deynta loo weeciyo maalgelinta mashaariic horumarineed oo waari kara, si loo xaqiijiyo in dalalkaasi aysan mar dambe gelin qaan aysan bixin karin, islamarkaana dadkoodu uga baxaan saboolnimada qotadadheer.

Haddaba, asalka deynta dalkeenna lagu sheeganayo wuxuu ka yimid amaaho la qaatay xilligii dowladdii milateriga, kuwaasoo lagu maalgeliyay mashaariic la fulin jiray. Siyaasadda ay hay'adaha caalamiga ah ama dalalka deeqbixiyayaasha ahi u adeegsadaan deymaha lagu maalgeliyo mashaariicda waxay tahay in labada dhinac (dowladda Soomaaliya iyo deynbixiyaha) ay dhaqaala ahaan iska kaashadaan fulinta mashruuca. Deeqbixiyuhu wuxuu bixiyaa waxa (qalab iyo waxyaaba kale) mashruuca gelaya ee dibadda ka imaanaya, oo qiima ahaan u dhigma 80%, ayadoo loo isticmaalayo lacagta qalaad. Dalkuna wuxuu bixiyaa waxa (qalab iyo waxyaabaha kale) gudaha ka imanaya oo qiimaha ahaan u dhigma 20%, ayadoo loo isticmaalayo lacagta dalka. Haddaba, Lacagtaas dibadda ka imaynaysay oo lacag qalaad ah iyo dulsaarkeedii oo sannado badan ururayay oo korayay ayay ka koobantahay deynta Soomaaliya lagu yeeshay.

Maaddaama Soomaaliya xubin ka tahay hay'adaha Bangiga Adduunka iyo IMF, waxaa naloo oggolaaday inaan ku biirno qorshaha deyncafinta, kaasoo loo sameeyo waddamada, sideenna oo kale, aadka u tabarta yar ee aan wax qabsan karin. Waddamadaas waxaa ka mid ah *Afghanistan* iyo *South Sudan*.

Mashruuca deyncafintu wuxuu leeyahay shuruudo, kuwaasoo ujeeddadoodu tahay in dhaqaalaha dalku xoogaysto, miisaaniyaddiisu isbixiso, islamarkaana awoodo inuu iska bixiyo haddii deymo lagu yeesho mustaqbalka. Haddii uu deynqabe yahay, dalka waxaa la gudboon inuu la socdo xisaabtiisa, maxaayeelay dulsaar ayaa fuulaya, kaasoo sii kordhaya sannad kasta. Sidoo kale, waxaa muhiim ah in lala socdo dowladaha ama hay'adaha denyta iska leh iyo meelaha ay kala joogaan.

Guud ahaan, deymuhu waxay u kala baxaan laba nooc:

1) Deyn dhinacyo badan ah

Deytani waa mid ay leeyihiin hay'ado ay xubno ka yihiin dowlado badan, sida: IMF, Bangiga Adduunka iyo *Arab Minority Fund*, iwm. deynta noocaas ah lama cafiyo, maxaayeelay raasumaalkii bangigaasi ku shaqaynayay ayaa dhammaanaya haddii la cafiyo deymihiisa.

2) Deyn laba dhinac ah

Deyntani waa mid ay laba dowladood is amaahiyeen. Dalalka nagu leh deymaha noocan ah waxaa ka mid ah: Jarmalka, Talyaaniga, Ingiriiska, iyo kuwa kale. Dalalkaas ayaa laba u sii kala baxa: *Paris Club* iyo *Non-Paris Club*[53]. Qolada hore wadajir ayaa loola macaamilaa oo ma oggola in midmid loola xaajoodo, balse qolada dambe waxaad ula xaajoon kartaa si gaargar ah, sidaas darteedna way ka dhib yaryihiin kuwa hore marka laga hadlayo deyncafinta. Nasiibwanaaag, labada qoloba waa ay naga oggolaadeen deyncafinta.

Haseyeeshee, welwelka ugu weyni wuxuu ku saabsanaa cidda bixinaysa deynta ku xusan qodobka koowaad, maaddaama aynaan iska bixi karin. Nasiibwanaag, dowlado aan saaxiib nahay ayaa ballanqaaday inay naga bixinayaan.

Hawsha deyncafinta waxaan bilownay sanadkii 2014. Hay'adda Lacagta Adduunka iyo Bangiga Adduunku oo ku qancay habxisaabeedkeenna iyo habmaamulkeena miisaaniyadeed ayaa suuragelisay in la gudagalo fulinta qorshaha deyncafinta. Waxaan billowgiiba qorannay qareenno uu kharashkooda naga bixinayay Bangiga Horumarinta Afrika, si ay nooga saacidaan arrinta.

Shuruudaha ugu horreeya ee nalooga baahnaa waxaa ka mid ah inaan soo ururinno dhinacyadii denynta nagu lahaa oo dhan. Caqabad ayaa,

---

53 Dalalka deybixiyayaasha ah ee aan ka mid ahayn *Paris Club*.

haddaba, waxay ka timid cidda matalaysa ee lagala xaajoonayo wixii la dhihi jiray "Midowga Soofiyeeti' ee burburay oo ka mid ah dhinacyadii deynta ku lahaa Soomaaliya. Ruushka oo ahaa qayb ka mid ah Midowgii Soofiyeeti ma yahay dhaxal sharci ah oo xaq u leh in lagala xaajoodo? Su'aashaas ayaa la caddayn waayay, ayadoo xataa lala kaashaday safaaradda Ruushka ee Jabuuti. Nasiibwanaag, waxaa jira xeer ama sharci dhigaya haddii 75% la xalliyo in la socon karo, sidaas ayaana looga gudbay taas. Shiinaha iyo Iraan ayaguna wax bay nagu lehaayeen, balse waxay doorbidaayeen inay iska daadiyaan ama iska dhaafaan deyntaas. Sidaas darteed, *"Paris Club"* oo ay ku wada jiraan inta ugu badan dalalka deynta nagu leh ayaa lagu billaabay qorhshaha deyncafinta.

Guud ahaan, waddamada deymooba ee aan deynta iska bixin karin waa la daadihiyaa, si ay awood ugu yeeshaan inay dibuhabyan ku sameeyaan habmaaliyadeedkooda. Marka lagu jiro geeddisocodka deyncafinta, waxaa marka meesha laga saaraa dulsaarka uruuray ee deyntii asalka ahayd ka dheeriga ah. Haddaba, waxaa lagu guulaystay in dulsaarka meesha laga saaro, mahadi ha ka gaarto Allaha Weyn, ka dibna Bangiga Horumarinta Afrika iyo dowlado ay ka midtahay Norway, kuwaasoo naga bixiyay in badan oo ka mid ah dulsaarkaas.

Run ahaantii, meel fiican ayaa la gaarsiiyay geeddisocodka deyncafinta, waxaana aan 2020 soo gaarnay wax la yiraahdo "Barta Go'aanqaadashada", taasoo ka dhigan in horumar weyn la sameeyay. Muddada dayncafinta ka horreeysa waxaa noo furan fursad ah inaan dalbanno lacago loo adeegsan karo waxyaabaha la xiriira baahiyaha degdegga ah, taasoo aan deyn ahayn. Rajadu waxay tahay inaan sii wadno ilaa deynta oo dhan nala ka cafiyo, taasoo sahli doonta in dalku helo lacag lagu maalgeliyo mashaariic horumarineed oo ballaaran.

Barnaamijka deyncafintu wuxuu dhammaan doonaa sannadka 2023 Insha Allah, ayadoo ku xiran hadba sida looga soo baxo shuruudihii la dejiyay. Balse, arrinta muhiimka ahi waxay tahay in miisaaniyaddeennu kororto oo aan ku filnaano bixinta kharashyada ay dowladdu gelayso, annaga oo aan u baahan kab miisaaniyadeed. Haddii aan yoolkaas gaari weyno, waxay ka dhigantahay inaan la xaqiijin ujeeddadii deyncafinta.

4.5.1 | SAAMAYNTA DEYNCAFINTA EE DIBUDHISKA DHAQAALAHA

Maaddaama uu dhaqaalaha adduunku yahay mid isku wada tiirsan, dalkii aan isku fillayni wuxuu qaataa deyn, si uu u maalgeliyo mashaariicda waaweyn ee horumarineed, sida: dhismaha jidadka, warshadaha, iwm. Shuruudaha barnaamijka deyncafinta waxaa ka mid ah inaan dalku deyn kale qaadan karin inta uu socdo geeddisocodka deyncafintu. Haddaba, deytnu waxay kaa horistaagi kartaa fursadaas maagelinta; ma aha kaliya inaadan heli karin deymaha noocaas ah ee xataa waxay kaa xiraysaa deeqaha horumarineed ee ay bixiyaan hay'adaha waaweyn ee maamula lacagaha.

Sidaas awgeed, deyncefintu waxay muhiim u tahay horumarinta dhaqaalaha dalka. Mashaariicdii aan ku galnay deynta hadda taagan waxaa ka mid ah mashruucii caanka ahaa ee "Faannoole."

4.5.2. | CASHARRADA LAGA BARAN KARO DEYMIHII LA GALAY

Mar haddii aan iskufillaasho gaari weynay, kheyraadkeenniina la soo bixi weynay, waxaan ku khasbannahay inaan deyn qaadanno. Haseyeeshee, su'aashu waxay tahay sidee ayaan u isticmaalaynaa, maxaanse ku isticmaalaynaa deyntaas? Marka koowaaad, waxaa habboon inaan qaadanno wax u qalma baahida taagan oo aan xad-dhaaf ahayn. Marka labaad, waa inaan ku isticmaalno waxa ugu intifaaca badan ee kobcinaya dhaqaalaha dalka.

4.6. | HABKA FEDERAALKA IYO NIDAAMKA MAALIYADDA

Habka federaalka waa mid uu dalku qaatay mabda' ahaan; haseyeeshee, hirgelintiisa fari kama qodna, oo waa mid billow ah. Sida caadiga ah, dalka marka uu federaal qaato, waxaa jiraya ugu yaraan seddax heer dowladeed: Dowladda Federaalka, Dowladgoboleedka iyo Dowladda Hoose ee degmada. Sidaas awgeed, waa inay jiraan shuruuc qeexaysa awoodda uu leeyahay mid kasta oo ka mid ah seddaxdaas heer ee dowladda. Dabcan, awooduhu waxay isugu jirayaan qaar la kala yeelanayo iyo qaar la wadaagayo. Maaliyadda waxay ka midtahay waxyaabaha wadaagga ah. Tusaale ahaan, Dowladda Federaalka iyo midda gobolka waxay labaduba qaadayaan canshuur; sidaas darteed, waxaa loo baahanyahay in laga heshiiyo midba inta uu qaadi karo. Sidoo kale, amniga wuxuu ka midyahay waxyaabaha la wadaago, oo qolo kasta ay door ku yeelanayso. Tusaale ahaan, waxaa in la kala caddeeyo u baahan waxa uu qabanayo booliska heer federaal, iyo doorka uu yeelanayo kan heer dowladgoboleed.

Khilaafka ka dhexeeya dowladda federaalka iyo dowladgoboleedyada waxaa ka mid ah waxyaabo la isla oggolyahay oo ay kala leeyihiin labadoodu, caalamka federaalka ku dhaqma oo dhammina uu ka simanyahay, sida: difaaca, arrimaha dibadda iyo xuquuqda muwaaddinnimo. Waxyaabaha lagu murmaayay ee dowladgoboleedyada iyo dowladda federalku sida aadka ah isugu khilafsanaayeen waxaa ka mid ah doorashooyinka ka dhacaya dowladaha hoose (dowladgoboleedyada), kuwaasoo aysan marnaba dowladda federaalku shaqo ku lahayn. Dhinaca kale, dowlad goboleedyadu waxay haystaan awoodo ay dowladda federaalku leedahay, sida kastamyada. Haddaba, waxay ahayd in arrimahaas laga wadaxaajoodo, si uu u hirgalo habka federaalku.

Sidaas darteed, hirgelinta nidaamka maaliyadeed ee federaalka ah waa mid aan weli billaaban. Markii la qorayay canshuurta (*tariffis*), Wasaaraddu waxay soo ururisay canshuuraha ay maamulladu ku qaadaan dekedaha Berbera, Boosaaso iyo Kismaayo, si la isu barbardhigo, fikirna looga qaato meesha ay qolo waliba marayso, maxaayeelay waxaa loo baahanyahay in canshuurta dalka oo dhan isku si iyo isku "*tarrifo*" loo sameeyo. Taasi waa mid adag duruufaha hadda taagan awgood, kuwaasoo ay ka midtahay Dowladd Federaalka oo aan xukumin xudduudaha dalka oo dhan, kastamyadiina aan gacan ka hayn.

Inkastoo ay adagtahay in nidaamka maaliyadda goonidiisa wax looga qabto, ayadoo aan siyaasadda guud laga heshiinnin, haddana, waxaa jira waxyaabo dhinaca farsamada ah oo si midaysan looga wada shaqeeyo, kuwaasoo uu ka midyahay habxisaabeedka oo loo dejiyay hab guud oo dhammaan dowladgoboleedyada iyo Dowladda Federaalku ay ku shaqeeyaan.

Markii la fiiriyo xilligii dowladdii hore burburtay, canshuur-ururinta - berri iyo bad - waxaa samayn jirtay Wasaaradda Maaliyadda, taasoo wakiillo ku lahayd degmooyinka dalka oo dhan. Degaanku ama degmadu waxay lahayd canshuur u gaar ah oo dowladda hoose qaadi jirtay, taasoo fuulaysay khudradaha, caanaha, iwm, dakhliga ka soo xaroodana loo isticmaali jiray nadaafadda. Dowladda Gobolku wax canshuur ah ma ururin jirin.

| 4.7. | XIRIIRKA BAARLAMAANKA IYO WASAARADDA MAALIYADDA |

Baarlamaanka iyo Wasaaradda Maaliyadda ee dowladda Federaalku waxay ka wada shaqeeyaan diyaarinta, qoondaynta iyo kormeerka miisaaniyadda dowladda, ayadoo labada midba kaalintiisa ku leeyahay. Baarlamaanku wuxuu qoondeeyaa, islamarkaana ansixiyaa miisaaniyadda. Wasaaradda Maaliyaddu waxay soo diyaarisaa miisaaniyadda, ayadoo hay'adaha dowladda ka helaysa baahidooda miisaaniyadeed oo ku dhisan qorshahowleedkooda; dabadeed waxaa loo eegayaa dakhliga. Intaa ka dib, Wasiirku wuxuu la tashanayaa Ra'iisulwasaaraha, asagoo hordhigaya dakhligii xaqiiqda ahaa iyo waxay dowladdii dalbanayso, dabadeedna sidii la isku waafajin lahaa ayaa laga xaajeysanayaa. Ka dib, Ra'iisulwasaaraha ayaa bixinaya waxyaabaha hortebinta u leh dowladda ee ay tahay in mudnaan gaar ah la siiyo. Hadda, miisaaniyadda oo dakhligu ka yaryahay kharashka ayaa Baarlamaanka la marinayaa, ayadoo la rajaynayo in la heli doono kab miisaaniyadeed.

Howlaha Wasaaradda Maaliyaddu ay gacanta ku hayso waxaa ka mid ah diyaarinta 'Xeerka Dhaqangelinta Miisaaniyadda' oo ah xeer la waafajinayo miisaaniyadda. Xeerkaasi wuxuu qeexayaa wax la yiraahdo "Mudnaanta kharashyada", wuxuu mudnaan gaar ah siinayaa kharashaadka ku baxaya qaar ka mid ah hay'adaha, sida: ciidamada, shaqaalaha, iwm. Markii sidaa loo jaangooyo ayaa Baarlamaanka la geynayaa, maxaayeelay awoodda Baarlamaanka oo kali ah ayaa wax lagu kharash garayn karaa.

Sidaas darteed, Baarlamaanka ayaa iska leh sharciyaynta isticmaalka lacagta iyo waxa loo isticmaali karo. Markii uu Baarlamaanku meel mariyo miisaaniyadda ka dib, Wasaaradda Maaliyadda waxaa laga doonayaa inay warbixin siiso Baarlamaanka, taasoo ku saabsan lacagihii la isticmaalay sanadkii tegay oo ay la socoto warbixinta Hantidhawraha Guud ugu dambayn 1-da bisha Juun.

Wasaaraaddu waa inay u gudbiso Hantidhawraha Guud warbixinta isticmaalka miisaaniyadda bisha Apriil, si uu u helo waqti ku filan oo uu ku eego wax walba, dabadeedna ugu gudbiyo Baarlamanka ayadoo caddayntiisa wadato. Wasaaradda Maaliyadda ayaa iska leh waajibkaas, gaar ahaan wasiirka oo ay la xisaabtamayaan Ra'iisulwasaaraha iyo Baarlamaanka labaduba, maxaayeelay, halka uu Baarlamaanku leeyahay oggolaanshaha isticmaalka miisaaniyadda, wasiirku waxaa laga doonayaa inuu xaqiijiyo in sidaas loogu dhaqmo.

Guud ahaan, Wasiirka Maaliyadda cadaadis laba dhinac ah ayaa saaran mar walba. Dhinac waa madaxdiisii oo haddii uu ka amar diido shaqada ayaa laga eryayaa; dhinaca kale waa Barlamankii oo tallaabo ka qaadayaa haddii uu miisaaniyadda sidii Baarlamaanku u sharciyeeyay ugu dhaqmi waayo. Si kastaba ha ahaatee, wasiirka waxaa waajib ku ah inuusan ka leexan qoondihii la ansixiyay, haddii wax laga beddelayana Baarlamaanka lagu celiyo si uu go'aan uga gaaro.

4.8.	KAALINTA XISAABIYAHA GUUD IYO HANTIDHAWRAHA GUUD EE MAALIYADDA DALKA

Xisaabiyaha Guud waa qofka kaliya ee Bangiga lacag ka saari kara. Marka ay soo dhamaadaan, xafiis kasta oo kalena ay soo maraan, dhammaan waraaqaha lacagbixintu wayay ugu dambaynta tegayaan xafiiska Xisaabiyaha Guud. Waxaa jira xeerkii aan hore u soo sheegnay ee lagu maamulo xisaabaadka, bakhaarrada iyo hantida dawladda. "Format-yo" 27 ah oo mid waliba wax gaar ah qaabilsanyahay ayaa ku jira sharcigaas.

Hantidhawraha Guud asagu wuxuu ka madaxbannaanyahay dhammaan hay'adaha dowladda, marka laga reebo Baarlamaanka. Markii ay lacagtu ku dhacdo Bangiga Dhexe waxay muhiim u tahay xisaabta kaligeeda taagan (*Single Treasury Account*), halkaasoo markii ay ku dhacdo aysan jirin cid ka saari karta, xataa wasiirka. Waxaase ay leedahay hab looga saaro, kaasoo Agaasimmaha Guud billaabayo, maaddaama uu asagu yahay "qofka mas'uulka ka ah" (qoondada lacagta), dabadeed khasnadda ayaa la marinayaa, si loo hubiyo in lacagtu ku jirto, khasnajiga ayaana saxiixaya; markaas ayay u tegaysaa Xisaabiyaha Guud, Hantidhowrkana nuqul ayaa la siinayaa. Habkaas ayaa Bangiga Dhexe lacag lagaga saari karaa.

Hantidhawruhu wuxuu warbixin maaliyadeed siinayaa Baarlamaanka, taasoo la faafinayo, si ay dadweynaha u gaarto. Hantidhawruhu warbixintiisa gooni ayuu u soo saarayaa, haseyeeshee warbixinta sannadlaha ah ee Wasaaradda Maaliyadda ayuu qayb ka noqonayaa, taasoo aan Baarlamanka la horgeyn karin ilaa la helo oggolaanshihiisa.

Guddiga Maaliyadda ee Baarlamaanka ayaa miisaaniyadda la hordhigayaa inta aan la horgeyn Baarlamaanweynaha, si ay u dersaan, islamarkaana su'aalo uga waydiiyaan Wasaaradda haddii ay u baahdaan. Guddigani waa mid ay Waaraaddu si joogto ah ula shaqayso, ayadoo siisa warbixin kooban, joogto ah oo muddaysan. Sidoo kale, haddii iyo marka ay su'aalo qabaan, Guddiga Maaliyadda ee Baarlamaanka waxay u yeerayaan Wasaaradda, gaar ahaan Agaasimaha Guud, iwm. Haddiise ay ka maarmi waayaan wasiirka ayay u yeerayaan, si uu uga jaawaabo su'aalahooda. Baarlamaanku kuma khasbana, lagumana laha inay warbixinta dib ugu celiyaan Laanta Fulinta, oo ayaga ayaaba warbixin la siiyaa. Haddii ay warbixinta ku qanci waayaan Wasaaradda ayay toos ugu qorayaan, ayagoo ka dalbanaya caddaymo dheeraad ah.

4.9.   SHILIN SOOMAALIGA IYO MAALIYADDA DALKA

Guud ahaan, lacagtu waxay ka mid tahay waxyaabaha astaanta u ah qarannimada. Run ahaantii, dalka maanta wuxuu ku jiraa dhibaato dhaqaale oo uu sababay baaba'a ku dhacay shilinkii Soomaaliga. Sidaas darteed, baahi aad u weyn ayaa loo qabaa in dalku yeesho lacag wax lagu kala beddesho.

Taasi waxay kaabi lahayd nolosha danyarta, iyo guud ahaan dhaqaalaha dalka. Haseyeeshee, waxaa jira caqabado ka imanaya duruufaha dhaqaale iyo maamul ee uu ku suganyahay dalku. Caqabadada ugu weyni waxay tahay in Bangiga Dhexe, oo xil ka saaranyahay soo saarista iyo xakamaynta shilinka, uusan lahayn awooddii dhaqaale ee lagu soo daabici lahaa, laguna maamuli lahaa socodsiinta lacag cusub. Sidoo kale, waxaa jira caqabado siyaasadeed oo ku gudban hirgelinta adeegsiga lacag cusub. Shuruudaha ku xiran soo saarista shilin cusub waa ay badanyihiin, waxaana ka mid ah in la hayo kharashka daabacidda lacagta oo ilaa labaatan malyan ah, iyo labaatan malyan oo kale oo loogu baahanyahay maamulidda lacagtaas, gaar ahaan arrimo la xiriira meesha la dhigayo, cidda maamulaysa, qaybinteeda, ka saarista suuqa lacagtii hore iyo arrima kale.

Haddaba, si dalku u yeesho lacag cusub laba doorasho ayaa furan: (i) In iskaashi lala sameeyo Hay'adda Lacagta Adduunka iyo (ii) In lala kaashado dalalka aan saaxiibka nahay, sida: Turkiga, Sucuudiga, Talyaaniga iyo Ingiriiska, kuwaasoo naga caawin kara kharashka ku baxaya daabacaadda. Dalalkaas midkood ayaa laga codsan karaa inuu lacag noo daabaco. Haddii, haddaba, dowladdu ay u istaagto arrintaas, iskaashina ay kala samayso dalalkaas aan muddada dheer saaxiibka ahayn, waxaa suurtagal ah in la soo daabaco lacagta, ayadoo aan dowladda kharash uga bixin; balse su'aashu waxay tahay: siyaasiyiintu ma doonayaan inay sidaas wax u xalliyaan, mise waxay danaynayaan in shirkado lagu siiyo qandaraas daabacadda lacagta, si mushqaayad looga helo?

CUTUBKA
5AAD

GABAGABO IYO TALABIXIN

5.1.	GABAGABO

Siyaasadda dhaqaalaha Soomaaliya waxay dib u noqonaysaa ilaa xilligii xorriyadda, markaasoo dowladdii midnimada labada gobol ee dhalatay xorriyaddii ka dib ay dhistay hay'adihii ugu horreeyay ee rasmi ah ee qaabilsan horumarka dhaqaalaha, iyo maamulka maaliyadda qaranka. Dhibaatooyinka maaliyadeed ee ay dowladdaasi la kowsatay waxaa ka mid ahaa midaynta labadii nidaam-maaaliyadeed ee ay kala adeegsanayeen labadii gobol ku midowday Jamhuuryaddii Soomaaliya 1960.

Haseyeeshee, Dolwaddii Milateriga ayaa samaysay siyaasadihii dhaqaale ee ugu saamaynta badnaa. Asagoo qaatay mabda'a Hantiwadaagga, xukunkii milaterigu wuxuu isbeddello sal iyo baar ah ku sameeyay siyaasadihii dhaqaalaha dalka, wuxuuna qarameeyay inta badan imkaaniyaadkii waxsoosaarka, oo ay ku jireen: bangiyadii gaarka loo lahaa, warshadihii iyo shirkadihii ganacsiga ee muhiimka ahaa. Shirkaddii mooska ayaa ka mid ahayd hantidii muhiimka ahayd ee ay dowladdu la wareegtay.

Dhinaca waxsoosaarka, dowladdii milaterigu waxay samaysay shirkad ay dowladdu lahayd, taasoo qaabilsanayd kaydinta iyo maaraynta waxsoosaarka beeraha. Shirkaddaas, oo la dhihi jiray "ADC", waxaa loo sameeyay in ay caawiso beeraleyda, ayadoo ka iibsanaysay badarka ay soo saaraan, dabadeedna dib ugu celinaysay suuqa marka ay cuntadu yaraato si qiima jaban. Sidoo kale, "ENC", oo ahayd hay'ad ay dowladdu leedahay, waxay qaabilsanayd soodejinta iyo qaybinta alaabta laga keeno dibadda, oo ay ku jirto cuntadu.

Siyaasaddaas waxay keentay horumar dhaqaale oo la taaban karo, ayadoo markii ugu horreysay dalka laga diiwaangeliyay waxsoosaar cunto oo ka badan baahidii dalka. Haseyeeshee, horumarkaasi ma noqon mid sii raaga, oo waxaa muddo sannada ah ka dib billowday hoosudhac dhaqaale, kaasoo isa soo tarayay marba marka ka dambaysa ilaa ay gaartay in dowladdii awoodi weyday bixinta qarashaadkeeda. Dhowr arrimood oo is biirsaday ayaa loo saarin karaa hoosudhacaas dhaqaale, kuwaasoo ay ugu waaweynyihiin:

i) dowladda oo soo daabacday lacag Sh. So., ayadoo aan haysan kayd lacageed oo lagu difaaco.

ii) saamayntii dhaqaale ee dagaalkii 1977, iyo

iii) Barnaamijkii IMF, kaasoo la yimid isbeddello dhaqaale oo uga sii daray xaaladda.

Inkastoo dowladdii Milaterigu ay xoogga saartay sidii uu dalku u gaari lahaa iskufillaansho xagga cuntada, ayadoo adeegsatay awoodii qaranka, oo isugu jirta xoog, aqoon iyo maal, haddana waxay ku guuldarraysatay xaqiijinta gaaridda yoolkaas. Dadaalkaasi wuxuu noqonayaa kii ugu muhiimsanaa ee la isu himliyo dhinacaas. Haddaba, waxaa u baahan in la caddeeyo halka ay cilladda xooggeedu ka timid - ma istiraatijiyadda, mise fulinta? Sida ay cilmibaaristani muujinayso, khaladaadkii ugu waaweynaa ee keenay fashilku waxay ahaayeen kuwo ka yimid dhinaca fulinta.

Hagardaamooyinkii ugu waaweynaa ee soo wajahay siyaasaddii dhaqaalaha ee xukunkii milaterigu waxaa kaloo ka mid ahayd joogtayn la'aanta siyaasadaha iyo cilladbixin la'aanta barnaamijyadii isbedelka. Tusaale ahaan, billowgii waxaa la isticmaalay aqoonta, ayadoo shaqa walba gacanta loo gelinayay dadka ku habboon. Balse muddo ka dib waxaa billaabatay in la kobciyo daacad-u-noqoshada xukuumadda, taasoo la geliyay booskii aqoonta. Haseyeeshee, dhaqaalihii, iyo guud ahaan adeegyadii dadweyne waxay meeshii ugu hoosaysay gaareen wixii ka dambeeyay burburkii dowladnimada ee dhacay 1991. Dhowr iyo Soddonkii sano ee dowlad la'aanta ee xigay, dhaqaaluhu wuxuu ahaa mid aan ku dhisnayn wax siyaasad ah, nidaam iyo xakamayn guudna aan lahayn. Lacag been-abuur ah oo la soo daabacay ayaa la soo geliyay suuqyada dalka, taasina waxay culays weyn saartay dhaqaalihii awlaba liitay.

Sidaas oo ay tahay, horumar ayaa ka jiray dhinacyo badan, oo dhaqaalihii xirxirnaa ayaa iskiis u furfurmay, asagoo dhammaantiis galay gacanta shacabka. Waxaa samaysmay isgaarsiin, bangiyo, shirkado diyaaradeed iyo ganacsiyo kale, kuwaasoo ilaa xad caymiyay dhaqaalihii ku baaba'ay burburka.

Dalku wuxuu hadda galay marxalad cusub, taasoo lagu soo celinayo nidaamkii dowladnimada. Kani waa geeddisocod qaatay muddo dheer, ayadoo si tartiibtartiib ah marba wax lagu kordhinayay dibudhiska hay'adaha dowladda, Waxaase caqabad aan weli xal loo helini ka jirtaa habka federaalka ee dalku qaatay, kaasoo aan si ku filan loo qeexin. Habkaasi wuxuu fududeeyay inay samaysmaan maamullo uu mid waliba iskiis u madaxbannaanyahay, oo aan dowladda dhexe saamayn ku lahayn, taasina waxay wiiqaysaa fursadihii ay hay'adaha dhaqaalaha dalku ku samayn lahaayeen awood iyo waxqabad horumarineed.

Dhinaca kale, hay'adaha maaliyadda, oo ka mid ahaa qaybihii uu saameeyay burburku, ayaa qayb ka ah geeddisocodka dibudhiska iyo dibusookabashada. Ayadoo ka ambaqaadaysa qorshaha iyo siyaasadadaha dibudhis ee hay'daha federaalka, Wasaaradda Maaliyaddu waxay ku dadaashay soocelinta iyo dibuhabaynta habkii maaliyadeed ee dalka, waxayna ku guulaystay howlgelinta hay'adihii iyo xafiisyadii muhiimka ahaa, sida: Bankiga Dhexe, Xafiiska Xisaabiyaha Guud, Xafiiska Handidhawraha Guud, Waaxda Furdooyinka iyo qaar kale. Sidoo kale, waxaa dib loo ururiyay shuruucdii muhiimka u ahaa shaqada iyo habsami-u-socodka nidaamka maaliyadda, oo la sii casriyeeyay si ay ula jaanqaadaan isbeddellada siyaasadmaaliyadeed ee dalka ka socda.

Tallaabooyinkaas hore loo qaaday waxay soo jiiteen wadashaqayn iyo iskaashi laga helay hay'adaha maaliyadeed ee caalamiga ah, sida: Hay'adda Lacagta Adduunka, Bangiga Aduunka, Bangiga Horumarinta Afrika iyo kuwo kale. Halkaas waxaa ka abuurmay fursad iridda u furtay barnaamij deyncafineed oo dhaqaalaha iyo horumarka dalka aad muhiim ugu ah, kaasoo weli socda, balse gaaray meel wanaagsan oo yididiilo leh. Wasaaraddu waxay kaloo billowday dadaal ku aaddan sidii loo horumarin lahaa habcanshuureed midaysan oo dalka oo dhan ka hirgala, ayadoo ilaa hadda lagu guulaystay dejinta qaabfarsameed dakhali-ururineed oo laga unkay Wasaaradaha Maaliyadda heer dowladgoboleed iyo heer federaal.

Haseyeshee, geeddisocodka dibuhabaynta iyo dibudhiska nidaamka maaliyadeed ee dalku waa mid weli socda, islamarkaana ay ka horreyaan caqabado aan la dhayalsan karin, oo ay ugu waaweynyihiin kuwa soo socda:

1) ismariwaa siyaasadeed oo hortaagan hirgelinta habka federaaliga guud ahaan, iyo gaar ahaan habmaaliyadeedka federaalka oo kan hore ku xiran;

2) amnidarrada oo xaddidaysa awoodda dowladda marka la eego baahida loo qabo in dowladdu ka howlgasho dalka oo dhan, si ay uga fuliso siyaasadaheeda iyo awaamiirteeda; iyo

3) yaraanta dakhliga dowladda, kaasoo sii fogaynaya ku tiirsanaanta kaalmada caalamiga, oo aan si joogta ah loogu tashan karin.

5.2. | TALABIXIN

Si looga baxo xaaladdan adag ee uu dalku ku jiro, loona helo nabad iyo dhaqaale horumarsan waxaa lagu taliyey arrimaha soo socda:

- Ugu horreyn, gaarista horumar bulsho iyo mid dhaqaale waxay ku xiranyihiin degganaansho waara. Sidaas darteed, waxaa loo baahanyahay in xoogga ugu weyn la saaro sugidda amniga, si ay dowladda ugu suurtagasho inay siyaasadaheeda ka fuliso dalka oo dhan, taasoo fududayn doonta in habmaaliyadeedka federaalka ahi ka shaqeeyo kastamyada dalka oo dhan.

- Si loo horumariyo dhaqaalaha dalka, waxaa lagama maarmaan ah in hay'adaha dhaqaalaha, oo ay hoggaaminayso Wasaarada Maaliyadda, ayna ka midyihiin Wasaaradaha qaabilsan beeraha, xoolaha, warshadaha, kalluumaysiga, iwm. ay ka wada shaqeeyaan hirgelinta siyaasad dhaqaale oo waxtar ah.

- Dowladdu waa inay ahaato mid xasillan, dhexdana joogta. Marka laga hadlayo dowlad, shaqaalaha caadiga ah - laga billaabo agaasime guud iyo inta ka hoosaysa - ayaa ah dowladda rasmiga ah. Haddaba, isbedeellada lagu samaynayo shaqaalaha dowladda waa inay yeeshaan sabab iyo sharraxaad cad. Tusaale ahaan, lama aqbali karo in wasiir uu iska beddelo agaasime guud sabab la'aan, maxaayeelay waxay taasi keenaysaa inay cuuryaamaan howlihii dowladda, ama ay dhumaan tixraacyo muhiim u ah wasaaradda, maaddaama uu agaasimuhu yahay kaydiyaha dhammaan xogta wasaaradda.

- Dowladda waa in ay ku dadaashaa sidii ay ku heli lahayd kalsoonida dadweynaha. Taas waxaa lagu xaqiijin karaa in la hubiyo, lana joogteeyo sinnaanta iyo caddaaladda muwaadiniinta. Waa in maanka lagu hayo xaqiiqada ah in colaadihii aan soo marnay badankooda loo eersanayo caddaalad la'aan lagala kulmay xafiisyadii dowladda iyo madaxdii talada haysay.

- Si loo helo dakhli iyo koboc dhaqaale, waa in qayb kasta iyo magaala kasta wixii ka soo baxa dib loogu celiyo. Canshuurtu waa inay meesheedii ama degmadeedii ku noqotaa; haddii kale, waxaa adkaan doonta in maal kale laga soo xareeyo dadweynaha. Haddii ay cadaalad-darro dhacdo, dhaqaaluhu ma kobcayo, xasillooniduna halis bay geli kartaa.

- Waxaa muhiim ah in la dedejiyo gaarista heshiis siyaasadeed oo ku wajahan hirgelinta nidaamka federaalka. Taasi waxay fududaynaysaa in dalka laga hirgeliyo nidaam maaliyadeed oo guud iyo canshuur midaysan.

- Hay'adaha dowladda ee ku lugta leh maaliyadda dadweynaha, sida: Wasaaradda Maaliyadda, Bangiga Dhexe, Xisaabiyaha Guud, Hantidhowraha Guud, Wasaaradda Qorsheynta iyo Guddiga Baarlamaanka u qaabilsan Maaliyadda waa hay'ado ay shaqadoodu isku xirantahay. Sidaas darteed, waxaa loo baahanyahay in hay'adahaasi ay mashaariicda dalka laga hirgelinayo mid mid u falanqeeyaan, si wadajir ahna isula qiimeeyaan saameynta iyo waxtarka barnaamij iyo mashruuc kasta ee lagu isticmaalayo maalka dadweynaha. Waa in hay'adahaasi yeeshaan wadashaqayn joogta ah iyo kulamo waqtiyaysan, loona sameeyo xiriirin, si ay u fududaato wadashaqayntoodu. Nidaamkaasi wuxuu sahlayaa in hay'adaasi si wadajir ah ula socdaan maaliyadda waddanka, ugana wadashaqeeyaan kormeerka iyo dabagalka mashaariicda dadweynaha.

- Inkastoo Bangiga Dhexe iyo Wasaaradda Maaliyaddaba ay shaqa fiicani ka socoto, ayna la shaqaynayaan khubaro ay ku deeqeen Bangiga Adduunka iyo Ha'adda Lacagta Adduunka, haddana nidaamka maaliyaddu waa mid weli aad u hooseeya marka la barbardhigo heerka caalamiga ah ee la aqbali karo. Sidaas darteed, waxaa loo baahanyahay in la sameeyo siyaasadda canshuuraha oo la jaanqaadi karta heerka caalamiga ah, islamarkaana la xaqiijiyo hirgelinteeda.

- Aqoonyahannada da'da yari waxay u baahanyihiin inay helaan xirfad-dhisid iyo tababarro kor loogu qaadayo khibraddooda iyo waxqabadkooda. Waxay kaloo u baahanyihiin in loo abuuro shaqooyin, iyo in si caddaalad ah oo daahfurn loogu qaybiyo shaqooyinka. Kaalinta aqoonyahanka dhallinta yar waa inuu khibrad helo, si uu berri dalka u hoggaamiyo, mana aha in lagu mashquuliyo aqoonyahanka soo koraya siyaasad ama shaqooyin uusan markaas u diyaarsanayn.

ISHA UU KA SOO MAAXDAY QORAALKA BUUGGA

Cabdirasaaq Fartaag

Waxbarashada Dugsigii Sare wuxuu ka baxay iskuulka Yaasiin Cismaan. Wuxuu jaamacad u aaday waddanka Swezarland, halkaasoo uu ka soo qaatay Shahaadada Heerka kowaad, isagoo soo bartay Maamulka Ganacsiga. Wuxuu Shahaadada Heerka labaad ku soo sameeyay Dalka Mareykanka. Sannadkii 1987 wuxuu ka shaqa billaabay Shirkad la yiraahdo **Shifco**, taasoo ka shaqayn jirtay *Agrotechnics*. Wuxuu ka soo shaqeeyey Wasaaradda Arrimaha Dibadda ee Soomaaliya sannadihii 1988-1989. Sannadkii 1991kii wuxuu ka soo shaqeeyay Imaarada Shaarja, Isutagga Imaaraadka Carabta. Wuxuu macallin ka soo noqday machad layiraahdo *'Kigali Institute of Science, Technology and Management*. Wuxuu muddo hal sano ah shaqo latalin ah ka helay waddanka Batuswana. Xukuumadihii Cumar Cabdirashiid iyo Maxamed Cabdullaahi Farmaajo ayuu ka soo noqday Madaxa Maamulka Maaliyadda Dowladda ee Xafiiska Ra'iisulwasaaraha.

Cabdullaahi Sheekh Cali (Qaloocoow)

Wuxuu wax ku bartay Magaalada Muqdisho, halkaas uu ku diyaariyay ilaa waxbarashada heerka koowaad ee jaamacadda. Wuxuu ka shaqo billaabay Maxkamadda oo uu ka noqday kaaliye maxkamadeed sannadkii 1968. Ka dib wuxuu ku biiray Wakaaladdii Badbaadada Shaqaalaha, wuxuu uga sii wareegay Wasaaradda Qorsheynta Qaranka oo uu ka noqday Agaasimaha Qorsheynta. Dowladda hoose ee Muqdisho ayuu ka soo shaqeeyay, halkaasoo uu ka noqday Kuxigeenka Duqa Magaalada. Wasaaradda Beeraha ayuu ka soo noqday kusimaha Agaasimaha sanadkii 1969. Wuxuu soo noqday Wasiirkuxigeenka Wasaaradda Qorshaynta ee Xukuumadda Federaalka

Soomaaliya 2012 - 2017. Cabdullaahi Sheekh Cali (Qalloocow) hadda waa barre casharro ka bixiya Jaamacadaha dalka, gaar ahaan Jaamacadda Ummadda Soomaaliyeed.

Cabdullaahi Axmed Afrax

Wuxuu ka soo shaqeeyay Bangiga Dhexe ee Soomaaliya sannadihii 1965 – 1969. Sannadkii 1973 waxa loo bedalay Qorshaynta oo markaas hay'ad ahayd, lana dhihi jiray 'Agaasinka Guud ee Qorshaynta', halkaasoo uu markii dambe ka noqday Agaasime. Waxaa kaloo uu soo noqday Xoghayaha Guddiga Dhaqaalaha Qaranka.

Cabdulqaadir Aadan Maxamuud (Jangali)

Cabdiqaadir Aadan Maxamuud (Jangali) wuxuu ku dhashay tuulo yar oo u dhow magaalada Gaalkacyo. Wuxuu Dugsiga Dhexe kaga baxay magaalada Gaalkacayo, ka dibna Dugsiga Sare ee Banaadir ee Magaalada Muqdisho ayuu ka qaatay shahaadada Dugsiga Sare. Wuxuu shahaadada koowaad ee jaamacadda ka qaatay Jaamacadda Ummadda Soomaaliyeed Kulliyaddeeda Beeraha sannadkii 1975. Wuxuu ka soo shaqeeyay Beerta Kuturwaarrey, halkaasoo dibudejin loogu sameeyay dadkii ay saamaysay abaartii Dabadheer ee 1974, asagoo ka soo shaqeeyay muddo laba sana ah. Wuxuu ka soo shaqeeyay Bangiga Horumarinta Soomaaliyeed, halkaasoo uu ka soo qabtay jagooyin kala duwan, oo ay ka midyihiin Maareeyaha Warshadda ITOP iyo Guddoomiyaha Bangiga Horumarinta.

Dr. Cali Ciise Cabdi

Dr. Cali wuxuu waxbarashadiisa ka billaabay Dugsiga Sheekh ee Gobollada Woqooyi, kaasoo uu ka baxay sannadkii 1965. Islamarkiiba wuxuu soo aaday Magaalada Muqdisho, halkaasoo ay asaga iyo laba qof oo kale ku guulaysteen imtixaan loogu tartamayay deeq waxbarasho oo laga helay dalka Maraykanka, kaasoo ay ka qaybgaleen 300 oo qof. Sidaas darteed, Dr. Cali wuxuu waxbarashadiisii sare oo dhan, laga billaabo heerka koowaad ee jaamacadda ilaa heerka ugu sarreeya oo PHD-da, ku qaatay jaamacado ku yaalla dalka Maraykanka, gaar ahaan *Chicago* iyo *St. Louis.*

Dr. Cali wuxuu dalka dib ugu soo laabtay sannadkii 1970, asagoo ka shaqa billaabay *Banko Di Roma*, oo markaa ahaa bangi gaar loo leeyahay, balse markii dambe la qarameeyay. Haseyeeshee kuma sii raagin, oo laba sano ka dib ayuu dib ugu noqday Maraykanka, halkaasoo uu shaqo rasmi ah ka helay Hay'adda Lacagta Adduunka ee IMF, taasoo uu u shaqaynayay muddo labaatan sano ah. Wuxuu soo noqday wakiilka IMF ee dalalka *Uganda, Tanzania* iyo Itoobiya. Wuxuu kaloo soo noqday Guddoomiyaha Guddiga Dhaqaalaha Qaranka ee Soomaaliya sannadihii 2007 – 2008. Dr. Cali wuxuu hadda madax ka yahay Machadka Daraasadaha Dhaqaalaha iyo Arrimaha Bulshada ee Geeska Afrika, kaasoo ay asaga iyo aqoonyahanno kale aasaaseen, kuna howlan horumarinta dhaqaalaha geeska Afrika, gaar ahaan Soomaaliya iyo dalalka kale ee ka soo kabanaya dhibaatooyinka.

Barfasoor Maxamed Saciid Samatar

Barfasoor Samatar wuxuu waxbarashadiisii dhexe ku soo qaatay dugsiyo kala duwan oo ku yiillay Magaalada Muqdisho. Wuxuu ka mid ahaa kooxdii ugu horraysay ee lagu billaabay *Istituto Magistrale*, oo ahaa dugsi lagu tababaro macallimiinta, kaasoo uu dhiganaayay 1961-1965. Wuxuu ka mid ahaa dad waxbarasho laba sano ah oo ku saabsan macallinimo loogu diray dalka *Switzerland*. Ka dib wuxuu galay Jaamacadda Ummadda, halkaasoo uu ka bartay maaddada dhaqaalaha. Wuxuu kaloo dalka Talyaaniga u aaday waxbarashada heerka labaad, asagoo Jaamacadda *Napoli* ka qaatay shahaado la xiriirta horumarinta dhaqaalaha. Wuxuu shahaadada PHD-da ka qaatay Jaamacadda *Sussex* ee dalka Ingriiska.

Barfasoor Samatar wuxuu soo noqday bare dugisyada sare, asagoo dhigi jiray maaddooyinka Xisaabta iyo Fiisigiska; wuxuu kaloo soo noqday maamule dugsi. Sannadkii 1973 ayuu u soo wareegay Kulliyadda Dhaqaalaha ee Jaamacadda Ummadda, halkaasoo uu ka dhigi jiray maaddada dhaqaalaha. Barfasoor Samatar wuxuu hadda ilaa markii burburku dhacay ka shaqaynaayay cilmibaarista, asagoo la shaqeeyay hay'adaha samafalka.

Dr. Nuur Axmed Weheliye

Wuxuu ku dhashay meel ka tirsan Gobolka Mudug sannadkii 1935, halkaasoo uu ku soo barbaaray. Waxbarashadiisa wuxuu ku qaatay Magaalooyinka Gaalkacyo iyo Muqdisho Wuxuu waxbarasho u tegay dalka Jarmalka, isaga oo soo bartay dhaqaalaha, waxana dalka ku soo noqday billowgii dowladda kacaanka, markaasoo ka shaqa billaabay Wasaaradda Qorshaynta, halkaasoo uu ka soo noqday Agaasime Guud, ilaa haddana uu ka howlgalo.

Xuseen Cabdi Xalane

Wuxuu shahaadada B.B.A ee la xiriirta *Finance & Financial Management Services* ka qaatay Jaamacadda *United States international Univerisity*. Intii u dhaxaysay 1989kii iyo 1993kii, wuxuu Shahaadada heerka koowaad ee Cilmiga Taariikhda ka qaatay Jaamacadda Buffalo, (*The State University of New York in Buffalo*), isagoo sii watayna wuxuu Shahaadada labaad ee Cilmiga Siyaasadda qaatay sannadkii 2009kii. Xuseen Cabdi Xalane wuxuu la soo shaqeeyey Hay'adda UNHCR 2000 – 2009kii. Waxaa kale oo uu soo noqday Agaasimaha Bariga Afrika ee Hay'adda *Save the Children*. Xuseen waxaa loo magacaabay Wasiirka Maaliyadda ee Soomaaliya, July 2010 ilaa July 2011, iyo Jan 2014 ilaa Jan 2015 mar labaad.

Xuseen Maxamuud Siyaad (Caato)

Wuxuu waxbarashadiisii Hoose iyo Dhexe ku soo qaatay magaalooyinka Ceelbuur iyo Xamar. Dugsiga Sare oo ku yaal dalka *Ghana* ayuu ku soo qaatay waxbarashiisa sare halkaasoo uu, sidoo kale, ku soo qaatay tababar la xiriira daryeelka iyo horumarinta bulshada. Shahaadada heerka labaad wuxuu ku soo diyaariyay dalka Maraykanka, isaga oo bartay Maamulka. Isla dalka Maraykanka ayuu ku diyaariyay shahaado kale oo la xiriirta horumarinta dhaqaalaha. Wuxuu ka shaqo billaabay Wakaaladda Badbaadada Shaqaalaha sannadkii 1964. Bangiga Dhexe ee Soomaaliya ayuu ka shaqa billaabay 1966. Xilligii dowladda kacaanka ayuu ka soo shaqeeyay Bangiga Dhexe, Bangiga

Ganacsiga, iyo Bangiga Horumarinta. Sanadkii 1984 ayuu lataliye dhaqaale u noqday hay'adda USAID, halkaas oo uu ka shaqaynayay muddo 5 sano ah. Wuxuu la shaqeeyay hay'adda IMF isaga oo lataliye dhaqaale ka soo noqday dalalka Ciraaq iyo Mauritius. Ka dib wuxuu noqday Wasiirkuxigeenka Wasaaradda Maaliyadda, jagadaas oo u hayay ilaa burburkii Dowladda, 1991. Wuxuu soo noqday lataliye Guddiga dhaqaalaha Qaranka xilligii 2018 - 2023.

Barfasoor Yaxye Sheekh Caamir

Wuxuu waxbarashada Hoose-dhexe ku qaatay Magaalada Muqdisho, isaga oo Dugsiga Sare kaga baxay Magaalada Jowhar. Jaamacadda Ummadda Soomaaliyeed ayuu ka qaatay shahaadada waxbarashada heerka koowaad. Shahaadada heerka labaad waxa ku qaatay '*California State University*', isla jaamacaddaas ayuu ka diyaariyay Shahaadada sare ee PhD. Xilligii dowladdii kacaanka ayaa lagu qoray Wasaaradda Maaliyadda, halkaasoo uu ka gaaray Agaasimewaaxeed. Shaqooyin dadban ayuu u soo qabtay Bangiga Dhexe. Wuxuu soo noqday Lataliyaha Ra'iisulwasaaraha xilligii xukuumaddii Ra'iisulwasaare Cabdiweli Gaas. Barfasoor Yaxye wuxuu casharro ka bixiyey Jaamacado kala duwan, kuwaasoo ku yaal Maraykanka, *Open University Malaysia*, Jaamacadda *Norway* iyo kuwa kale. Wuxuu sidoo kale ka soo shaqeeyay hay'ado kala duwan oo ka howlgala dalka iyo dibadda.

BRIEF CONTRIBUTORS BIOGRAPHY

Abdirasaq Fartaag

He completed his secondary education at Yasin Osman School. He went to university in Switzerland, where he obtained his first degree, studying Business Administration. He completed his second degree in the United States. In 1987, he began working for a company called Shifco, which was involved in Agrotechnics. He worked for the Ministry of Foreign Affairs of Somalia from 1988-1989. In 1991, he worked in the Emirate of Sharjah, United Arab Emirates. He became a lecturer at an institute called 'Kigali Institute of Science, Technology and Management'. He received a one-year consultancy job in Botswana. During the governments of Omar Abdirashid and Mohamed Abdullahi Farmajo, he became the Head of Government Financial Management in the Prime Minister's Office.

Abdullahi Sheikh Ali (Qaloocoow)

He studied in Mogadishu, where he completed up to the first level of university education. He began working at the Court, becoming a court assistant in 1968. He then joined the Workers' Protection Agency, and later transferred to the Ministry of National Planning where he became the Director of Planning. He worked for the local government of Mogadishu, where he became the Deputy Mayor. He became the acting Director of the Ministry of Agriculture in 1969. He became the Deputy Minister of Planning in the Federal Government of Somalia from 2012 - 2017. Abdullahi Sheikh Ali (Qalloocow) is now a lecturer at universities in the country, especially Somali National University.

Abdullahi Ahmed Afrax

He worked for the Central Bank of Somalia from 1965 – 1969. In 1973, he was transferred to Planning, which was then an agency called 'General Directorate of Planning', where he later became a Director. He also became the Secretary of the National Economic Committee.

Abdulqadir Adan Mahmoud (Jangali)

Abdiqadir Adan Mahmoud (Jangali) was born in a small village near the city of Galkayo. He completed secondary school in Galkayo, and then obtained his high school diploma from Banadir High School in Mogadishu. He received his first university degree from the Faculty of Agriculture at Somali National University in 1975. He worked at Kurtunwaarey Farm, where people affected by the 1974 Dabadheer drought were resettled, working there for two years. He worked for the Somali Development Bank, where he held various positions, including Manager of ITOP Factory and Chairman of the Development Bank.

Dr. Ali Issa Abdi

Dr. Ali began his education at Sheikh School in the Northern Regions, which he completed in 1965. He immediately came to Mogadishu, where he and two others succeeded in an exam competing for a scholarship from the United States, in which 300 people participated. Therefore, Dr. Ali completed all his higher education, from the first level of university to the highest level of PhD, at universities in the United States, particularly in Chicago and St. Louis. Dr. Ali returned to the country in 1970, starting work at Banco di Roma, which was then a private bank but was later nationalised. However, he did not stay long, and two years later he returned to the United States, where he got an official job with the International Monetary Fund (IMF), for which he worked for twenty years. He became the IMF representative for Uganda, *Tanzania* and Ethiopia. He also became the Chairman of the National Economic Committee of Somalia from 2007 – 2008. Dr. Ali is now the head of the Horn of Africa Institute for Economic and Social Studies, which he and other scholars founded, and which is engaged in promoting the economy of the Horn of Africa, especially Somalia and other countries recovering from crises.

Professor Mohamed Said Samatar

Professor Samatar completed his secondary education at various schools in Mogadishu. He was among the first group to start at Istituto Magistrale, which was a teacher training school, which he attended from 1961-1965. He was among those sent to Switzerland for a two-year teacher training course. He then entered the National University, where he studied economics. He also went to Italy for second-level education, obtaining a degree related to economic development from the University of Naples. He obtained his PhD from the University of Sussex in England. Professor Samatar became a high school teacher, teaching Mathematics and Physics; he also became a school administrator. In 1973, he transferred to the Faculty of Economics at the National University, where he taught economics. Professor Samatar has been working in research since the collapse, working with charitable organisations.

Dr. Nuur Ahmed Weheliye

He was born in an area of Mudug Region in 1935, where he grew up. He received his education in the cities of Galkayo and Mogadishu. He went to Germany for education, studying economics, and returned to the country at the beginning of the Revolutionary government, when he started working at the Ministry of Planning, where he became Director General, and is still active there.

Hussein Abdi Halane

He obtained his B.B.A. in Finance & Financial Management Services from the United States International University. Between 1989 and 1993, he obtained his first degree in History from the University of Buffalo (The State University of New York in Buffalo), and continuing on, he obtained his second degree in Political Science in 2009. Hussein Abdi Halane worked with UNHCR from 2000 – 2009. He also became the East Africa Director for Save the Children. Hussein was appointed Minister of Finance of Somalia from July 2010 to July 2011, and again from Jan 2014 to Jan 2015.

Hussein Mahmoud Siyad (Caato)

He completed his primary and secondary education in the cities of Ceelbuur and Xamar. He completed his higher education at a high school in Ghana, where he also received training related to community care and development. He prepared his second-level degree in the United States, studying Administration. In the same country, he prepared another degree related to economic development. He started working at the Workers' Protection Agency in 1964. He began working at the *Central Bank of Somalia* in 1966. During the revolutionary government, he worked at the Central Bank, Commercial Bank, and Development Bank. In 1984, he became an economic advisor to USAID, where he worked for 5 years. He worked with the IMF as an economic advisor in Iraq and Mauritius. He then became the Deputy Minister of Finance, a position he held until the collapse of the Government in 1991. He became an advisor to the National Economic Committee from 2018 - 2023.

Professor Yahye Sheikh Amir

He completed his primary and secondary education in Mogadishu, graduating from high school in Jowhar. He obtained his first-level university degree from Somali National University. He obtained his second-level degree from California State University, and from the same university, he prepared his PhD. During the revolutionary government, he was appointed to the Ministry of Finance, where he reached the position of Department Director. He indirectly worked for the Central Bank. He became the

Advisor to the Prime Minister during Prime Minister Abdiweli Gas's government. Professor Yahye has taught at various universities, including those in the United States, Open University Malaysia, the University of Norway and others. He has also worked for various organisations operating in the country and abroad.

EREYTUS

S

Saamayntii Barnaamijka, 64

Sablaale, 10

Saboolka, 41

Sacuudi Carabiya, 13

Sacuudiga, 20, 27, 35

Salaam Somali Bank, 31

Sanadkii, 133

Sanduuqa Horumarinta Dhaqaalaha, 13

Sanduuqa Kuwait, 10

Sanduuqa Kuweyt, 10

Sannadka, 34

St. Louis, 131, 136

www.ingramcontent.com/pod-product-compliance
Lightning Source LLC
Chambersburg PA
CBHW031126020426
42333CB00012B/252